HEYNE <

Das Buch

Die Waschanlage ist menschenleer. Man sieht das offene Tor, durch das man die Halle wieder verlässt, und drei riesige Bürsten, die herumwirbeln und die Wagen waschen, wenn alles in Betrieb ist. Zu erkennen ist auch die Außenwand gegenüber der Überwachungskamera. Die Außenwand ist aus Gasbeton. Für Agnes und Belinda ist es unmöglich, die Farbe der Wörter, die jemand an die Wand geschrieben hat, einzuschätzen. Trotzdem besteht für Agnes kein Zweifel. Es ist rote Farbe. Belindas Stimme ist dünn und brüchig, als sie die Wörter laut vorliest. »Heute Nacht werdet ihr sterben!«

Der Autor

Steen Langstrup steht für eine neue Generation junger Horrorautoren, die frisches Blut in das Genre pumpen. *Finale* wurde in Dänemark als »Best Horror Novel of the Year« ausgezeichnet, die Verfilmung kommt 2018. Weitere Bücher sind in Vorbereitung.

STEEN LANGSTRUP

FINALE

THRILLER

AUS DEM ENGLISCHEN
VON WOLFGANG THON

WILHELM HEYNE VERLAG
MÜNCHEN

Die Originalausgabe ALT DET HUN VILLE ØNSKE
HUN IKKE FORSTOD erschien 2011

MIX
Papier aus verantwortungsvollen Quellen
FSC® C014496
FSC
www.fsc.org

Verlagsgruppe Random House FSC® N001967

Vollständige deutsche Erstausgabe 06/2018

Printed in Germany
Redaktion: Sven-Eric Wehmeyer
Umschlaggestaltung: Hauptmann & Kompanie
Werbeagentur, Zürich,
unter Verwendung eines Fotos von
© plainpicture/Millennium/Browning Jonathan
Satz: Leinärtner, Nabburg
Druck und Bindung: GGP Media GmbH, Pößneck
ISBN: 978-3-453-43894-1

www.heyne.de

AUFGERISSENE AUGEN, NICHTS ZU SEHEN

DER GERUCH DRINGT SOFORT IN DIE NASE, wenn das Bewusstsein zurückkehrt. Es ist der Geruch eines unbewohnten Ferienhauses oder eines alten Kellers. Ein säuerlicher, modriger Geruch.

Der Geruch und danach der Schmerz. Im Kopf, in den Armen, den Füßen, dem Körper, den Händen, dem Mund, dem Magen …

Ein Verkehrsunfall, ist ihr erster Gedanke. *Hat mich ein Auto überfahren?*

Sie liegt auf einem Bett, in völliger Dunkelheit. Und sieht auch mit aufgerissenen Augen nichts. Schwarz. Alles ist schwarz. Sie berührt vorsichtig die Augen. Sie schmerzen, scheinen entzündet und ein wenig geschwollen, doch schlimm verletzt … fühlen sie sich nicht an.

»Hallo«, ruft sie. Ihre Stimme hallt durch den dunklen Raum.

Nach Luft schnappen. Über den Bettrand tasten. Zement kratzt an den Fingern. Das ist kein Bett. Es ist eine dünne Matratze auf einem rauen Zementboden. Dies ist kein Krankenhaus.

Sie ruft noch einmal. »Ist da jemand?«

Da ist eine Wand, auf der anderen Seite des Bettes. Aus Ziegeln. Ihre Fingerspitzen berühren den Mörtel zwischen den Ziegeln. Uneben. Von ungeübten Händen gemauert. Sie spürt etwas Lebendiges. Es huscht davon. Eine Spinne? Sie zieht die Hände zurück. Nimmt die Knie an den Körper und schlingt die Arme darum. So zu sitzen tut weh. Jetzt ist die Kälte zu spüren. Es ist eine muffige, feuchte Kälte.

Dann, wie Fotoblitze, kehrt die Erinnerung zurück. Ein Durcheinander unscharfer Bilder, chaotisch, unzusammenhängend und doch klar genug, um ihr zu versichern, dass es kein Traum ist. Dieser Albtraum ist real. Ein Albtraum, den du vielleicht nicht überlebst.

Zitternde Hände tasten vorsichtig am Körper entlang. Sie ist noch angezogen. Die Kleidung scheint unversehrt. Sie entdeckt keine Wunden, nur Abschürfungen an Knien und Ellenbogen. Kein Knochen scheint gebrochen. Ein paar Schwellungen im Gesicht, insbesondere um den Mund herum, ein paar Beulen am Kopf. Ein loser Zahn. Nichts allzu Ernstes. Doch sie hat bestimmt überall Blutergüsse, den Schmerzen nach zu urteilen. Aber nichts allzu Ernstes.

Bis jetzt.

Aus der Dunkelheit kommt ein Geräusch, ihr Herz springt in der Brust. Sie wendet sich dem Geräusch zu und kriecht gleichzeitig rückwärts davon weg. *Was war das? Was bewegt sich da? Ein Tier? Eine Ratte?* Da raschelt was.

Da war es wieder!

Die Beine beginnen zu zittern. Sie presst Schultern und Rücken gegen die raue Ziegelmauer.

Ein neues Geräusch. Ein schwaches Grunzen. Atmen. Da ist noch jemand irgendwo in der Dunkelheit.

Ein Mann.

ES IST NICHT DASSELBE, WENN MAN ES NICHT LIVE SIEHT

»WENN ICH DIE STELLE beim Staatskrankenhaus kriege, brauchst du hier nicht mehr zu arbeiten«, sagt Benjamin und macht das Motorrad aus.

Agnes setzt den Helm ab und zwinkert ihm aus dem Seitenwagen zu. »*Wenn* du den Job kriegst.«

»Meinst du nicht, dass ich ihn kriege?« Er lächelt, doch Agnes sieht an seinen zuckenden Augenwinkeln, dass er verletzt ist.

»Doch. Natürlich denke ich das«, sagt sie und steigt aus dem Seitenwagen. »Aber du kennst mich. Ich glaube erst dann etwas, wenn es wirklich passiert.«

»Kleines Fräulein Abgeklärt.«

»Mag sein, dafür bin ich *dein* Fräulein Abgeklärt.« Sie reckt sich. Das Motorrad ist alt. Eine armeegrüne BSA von 1963. Benjamin liebt das Motorrad, aber vom Sitzen im Beiwagen tun ihr alle Gelenke weh. »Und überhaupt! Wie kommst du auf die Idee, dass ich meinen Job hier bei der Tankstelle aufgebe, wenn du einen Job kriegst?

Ich bin doch nicht das kleine Frauchen vom großen Herrn Doktor, oder?«

Er nimmt den Helm ab und streicht sich mit der Hand durchs zerzauste dunkle Haar. »Ich bin bloß nicht so begeistert, dass du abends allein an einem so abgeschiedenen Ort arbeitest. Es gibt so viele Tankstellenüberfälle. Du könntest dir was anderes suchen.«

Sie küsst ihn. »Hör auf. Bitte, Liebling. Sonst verkündest du doch auch immer, dass es viel weniger Verbrechen gäbe, wenn die Leute keine Angst mehr voreinander hätten. In dieser Gegend hier sind Studentenjobs nicht gerade reich gesät. Außerdem arbeite ich abends nicht allein. Wir sind immer zu zweit.«

»Hm.« Er sieht auf die Uhr. »Das Finale fängt gleich an. Ich muss nach Hause.«

»Du könntest es aufzeichnen, und wenn ich Feierabend habe, sehen wir es uns zusammen an.«

Er lacht. »Ja. Stimmt.« Er zieht sie an sich und küsst sie noch einmal. »Ich meinte ja nur, dass du keinen Nebenjob mehr brauchst, wenn ich die Stelle kriege. Dann könntest du dich aufs Studium konzentrieren. Wir könnten sogar hier wegziehen und uns eine schöne Wohnung in der Stadt suchen.«

»Und *ich* meinte nur, dass wir uns das Finale gemeinsam anschauen können, wenn ich hier fertig bin.«

»Es ist nicht dasselbe, wenn man es nicht live sieht. Das weißt du.«

Er blickt erneut auf die Uhr. »Ich muss jetzt gehen, sonst verpasse ich den Anfang vom Finale.«

»Dann beeil dich lieber.« Sie gibt ihm rasch einen letzten Kuss. »Holst du mich nachher ab?«

»Klar mache ich das.« Er setzt den Helm wieder auf, zwinkert ihr zu und wirft die Maschine an.

Sie winkt ihm noch hinterher, als er auf die Schnellstraße abbiegt. Er hat es eilig, nach Hause zu kommen. Dann hängt sie sich den Beutel über die Schulter und geht zwischen den Zapfsäulen hindurch ins Tankstellengebäude.

DAS WIRD EINE RUHIGE NACHT

BELINDA HOCKT VOR DER ERSTEN REIHE und füllt die Regale aus einem Karton neben ihr auf dem Boden mit Kartoffelchips-Tüten auf. Ihre Hände fliegen nur so, pfeffern die Tüten in die Regale. *Klatsch, klatsch, klatsch*. Nächste Reihe. Sie steht auf, um den leeren Karton platt zu drücken, als die Automatiktür aufgleitet und Agnes den Shop betritt.

»Hi, Belinda.«

»Du kommst spät«, sagt Belinda, ohne sie anzuschauen.

»Ehrlich?«

Belinda streicht ihr blondiertes Haar mit solariumgebräunter Hand hinters Ohr. »Es ist zehn nach.«

Agnes geht hinter den Tresen und stellt ihren Beutel auf den Boden. »Tut mir leid.«

Belinda lässt sie einfach stehen und sagt kein Wort. Sie geht durch die Hintertür aus dem Shop und wirft den flach gedrückten Karton in den Altpapiercontainer.

Dann knallt sie den Deckel zu, wendet sich ab und bleibt kurz dort stehen, um sich wieder zu beruhigen. Sie betrachtet die Umgebung der Tankstelle. Weizenfelder, in der Ferne ein paar Bäume, hier und da vereinzelte Bauernhöfe. Die alte Schnellstraße, auf der sonst reger Verkehr herrscht. Aber nicht heute Abend.

Sie fischt das Handy aus der Tasche und simst Christoffer.

Bist du da?

Sie wartet zehn Sekunden, dann simst sie ihm noch mal.

Chris, antworte!

Nach weiteren zehn Sekunden schreibt sie ihm die dritte Nachricht.

Schicht mit Agnes. Es nervt. Langweilig mit ihr. Ich könnte sterben vor Langeweile. Schau mal rein, okay?

Keine Antwort. Natürlich nicht. Er hat sein Handy schon wieder abgestellt, obwohl sie ihm gesagt hat, das nicht zu tun. Jede Wette, dass er sich das Finale ansieht. Sie schiebt ihr Handy wieder in die Tasche und kehrt in den Shop zurück.

Im Hinterzimmer trifft sie auf Agnes, die gerade ihren Laptop anschließt. »Ich möchte heute Abend gern ein bisschen an meiner Magisterarbeit arbeiten, wenn du nichts dagegen hast.«

»Ist mir egal«, sagt Belinda. »Wer weiß, ob überhaupt Kunden kommen, wenn das Finale läuft. Wir könnten den Shop sogar schließen, und keiner würde es merken.«

»Ja, das ist echt abgefahren. Dänemark im Finale. Es

ist okay, wenn du es ansehen willst, während ich hier sitze und an meiner Magisterarbeit rumpfusche.«

»Ich habe keine Lust, es mir anzuschauen.«

Agnes blickt sie an. »Nicht?«

»Nein.«

»Stimmt was nicht? Du wirkst so …«

Das kleine Hinterzimmer ist von Regalen gesäumt. Um einen weißen Tisch gruppieren sich drei Stühle. Das Fenster blickt auf den Hinterhof der Tankstelle, wo die Autos aus der Waschanlage kommen. An der Wand ist unter der Decke ein kleiner Fernseher angeschraubt. Außerdem gibt es einen Kühlschrank und eine Kaffeemaschine. Belinda lässt sich auf einen der Stühle fallen. »War das dein Freund, der dich hier abgesetzt hat? Der Typ auf dem Motorrad?«

»Ja.« Agnes schiebt ihren Stuhl zurück und erwidert ihren Blick. »Er heißt Benjamin. Wieso?«

»Geht er dir nie auf die Nerven?«

»Nein.« Agnes schaut sie unverwandt an. »Hast du Ärger mit deinem Freund?«

»Nein. Abgesehen davon, dass er ab und zu ein Arschloch ist.« Sie schüttelt den Kopf. Lacht. »Schon okay. Es liegt wohl an mir, glaube ich. Vielleicht kriege ich meine Tage oder so was. Ich bin heute dermaßen schlecht gelaunt.«

Agnes wiegt den Kopf. »Wenn du reden willst … ich bin hier.«

Belinda starrt an die Decke. »Du weißt, dass das heute ein langweiliger Abend wird. Da passiert überhaupt nichts. Wenn wir fünf lumpige Kunden kriegen, gebe ich ein Eis aus.«

»Die Wette gilt«, erwidert Agnes und blickt auf den Computermonitor. »Weniger als fünf Kunden, und ich kaufe uns beiden ein Eis. Bei mehr als fünf bezahlst du.«

»Dann fang schon mal an, dein Geld zu zählen.« Belinda holt ihr Handy hervor und schickt Christoffer wieder eine SMS.

Antworte gefälligst!

»Was studierst du?«, fragt sie Agnes gleichzeitig, obwohl ihr das scheißegal ist.

»Anthropologie.«

»Schick.« Sie nickt.

»Meine Magisterarbeit dreht sich um Buschmänner in Botswana. Ich versuche zu erklären, wie sich ihre Kultur und Religion als natürliche Reaktion auf und im Wechselspiel mit dem Ökosystem entwickelt hat, in dem der Stamm lebt.«

»Oh?« Belinda gähnt und lässt ihr Handy nicht aus den Augen. »Er könnte wenigstens antworten. Findest du nicht? Wärest du nicht angepisst, wenn dein Freund nicht auf deine SMS antworten würde?«

Agnes zuckt mit den Schultern. »Vielleicht antwortet er später?«

»Klar.« Belinda springt auf und geht wieder in den Shop zurück, um den Warenbestand in den Regalen und die Softdrinks im Kühlfach zu checken. *Eigentlich könnte ich mich auch damit ablenken, die Regale aufzufüllen,* denkt sie bei sich und holt Zettel und Kugelschreiber aus einer Schublade hinterm Tresen. Wenn sie nichts macht, geht sie vor Langeweile ein.

Sie wirft rasch einen Blick auf die Schwarz-Weiß-

Bilder der vier Überwachungskameras, die auf einem Monitor über dem Tresen flimmern. Die Tankstelle ist verwaist und wird es auch noch stundenlang bleiben.

NIEMAND ZWINGT SIE DAZU

AGNES STARRT AUS DEM FENSTER an der Rückseite der Tankstelle. Ihr Blick ist bei einem Bauernhof hängengeblieben, auf einem kleinen Hügel und vielleicht fünfhundert Meter von der Tankstelle entfernt gelegen. Doch sie sieht ihn nicht. Die Magisterarbeit füllt den Monitor des Laptops vor ihr.

Bisher ist nur ein Kunde gekommen. Ein Deutscher mit einem Wohnmobil. Vor einer Viertelstunde hat Benjamin angerufen, um ihr zu berichten, dass der Beginn des Finales wegen Unruhen vor dem Stadion verschoben wurde.

Sie richtet den Blick wieder auf den Monitor und korrigiert einen Kommafehler. Sie hat Schwierigkeiten damit, die verschiedenen Teile ihrer Magisterarbeit zusammenzuführen. Irgendwie kommt es ihr vor, als fehlten sinnvolle Überleitungen zwischen den einzelnen Kapiteln, doch sie kann einfach nicht beurteilen, ob das stimmt oder nicht. Sie trommelt mit den Fingern auf die Tischplatte.

Durch die geöffnete Tür hört sie Belindas Lachen, und kurz darauf steht Belinda auch schon im Türrahmen. »Hier! Das musst du dir anschauen! Es ist so komisch. Christoffer hat mir gerade den Link geschickt.«

»Oh. Dann hat er also geantwortet?«

Belinda verzieht das Gesicht. »Na sicher. Dachtest du etwa, er würde nicht?«

»Klar doch.« Agnes sichert die Datei mit ihrer Magisterarbeit. »Du hast vorhin nur so genervt gewirkt, weil er dir nicht geantwortet hatte.«

»Quatsch. Ich wusste ja, dass er antwortet.«

Agnes blickt sie an. »Okay«, erwidert sie und versucht zu lächeln. »Was wolltest du mir zeigen?«

»Das hier. Das ist so witzig!« Sie hält Agnes ihr Handy hin, die es zögernd annimmt. »Du musst so auf den Screen drücken, damit der Clip anfängt.«

Agnes nickt, obwohl niemand ihr erklären muss, wie man ein YouTube-Filmchen abspielt. Was bleibt ihr auch schon anderes übrig?

Im Clip sieht man einen jungen Mann, der mit einem Skateboard auf ein paar Treppenstufen zufährt. Er versucht, mit dem Skateboard aufs Treppengeländer zu springen, um darauf herunterzurutschten. Er scheitert, rammt seinen Unterleib auf das Geländer und taumelt die Treppen hinab. Agnes spürt den Schmerz, den der Typ empfunden haben muss, fast am eigenen Leibe. Doch Belinda, die über ihre Schulter hinweg mitguckt, will sich vor Lachen fast ausschütten.

Dann schneidet das Video zu einem anderen Mann, der ein BMX-Rad fährt.

»Oh, hast du den schon gesehen?« Belinda kreischt

fast vor Lachen. »Diese trübe Tasse ist einfach zu lahmarschig!«

Der junge Mann fährt mit dem Rad über eine Rampe und will über einen Zaun springen. Er hat nicht genug Tempo, und sein Vorderrad bleibt im Zaun hängen. Er fliegt mit rudernden Armen durch die Luft und kracht mit dem Kopf voran senkrecht auf den Boden.

Agnes gibt Belinda ihr Handy zurück. »Ich finde das nicht witzig.«

Belinda starrt sie ungläubig an. »Wieso das denn nicht? Ist doch irre. Guck dir den Typen hier mal an. Der fällt kopfüber in einen Kellerschacht und haut sich die Nase zu Brei!«

Agnes verzieht das Gesicht. »Ich finde es nicht witzig, zuzusehen, wie sich andere verletzen. Ein paar von diesen Typen haben sich bestimmt so schlimm verletzt, dass sie hinterher ins Krankenhaus mussten.«

Belinda stoppt den YouTube-Clip und schiebt sich das Handy wieder in die Tasche. Sie zuckt mit den Schultern. »Sie tun's ja freiwillig, oder? Niemand zwingt sie dazu.«

Agnes scharrt mit den Füßen unter dem Tisch. »Ja«, sagt sie. »Kann sein.«

Belinda bleibt hinter ihr stehen. Sie holt tief Luft, atmet dann langsam durch die Nase aus und schüttelt dabei den Kopf. »Du musst nicht immer alles so furchtbar ernst nehmen, weißt du.«

»Das ist einfach nicht mein Ding.«

»Okay«, erwidert Belinda und nickt, als hätte sich ihr endlich der wahre Sinn des Lebens offenbart. »Dann verzichte ich wohl auch besser darauf, dir den Clip mit dem Autounfall zu zeigen.«

Agnes blinzelt entsetzt.

Belinda lacht. »Jetzt habe ich dich erwischt, was? Eine Sekunde lang hast du gedacht, ich hätte ein Video von einem Autounfall! Hast du! Gib's zu.«

»Okay, okay. Du hast mich reingelegt.« Agnes erwidert das Lachen, doch irgendwie ist sie nicht ganz überzeugt, dass es wirklich ein Scherz war. »Du hast mich drangekriegt.«

Als ihr Gelächter verklungen ist, wendet sich Agnes wieder ihrem Laptop zu und fängt an, in dem Kapitel herumzuscrollen, in dem der Pakt der Buschmänner mit der Natur beschrieben wird.

Belinda rührt sich nicht vom Fleck und starrt sie an. »Kann ich dich mal was fragen?«

»Klar.«

»Würdest du dich von deinem Freund dabei filmen lassen, wie du ihm einen bläst?«

»Was?« Agnes beginnt zu lachen.

»Es ist nur, weil Christoffer gern ...«

Agnes beißt sich auf die Lippe, damit sie nicht weiter lachen muss. »Wie würdest du es finden, wenn so was im Internet landet?«

»Er will das doch nur für sich selbst haben.«

»Würdest du mich das überhaupt fragen, wenn du selbst wirklich Lust darauf hättest?«

SIND WIR HIER BEI VERSTECKTE KAMERA, ODER WAS?

BELINDA STREICHT MIT DEM FINGER an der Kante des Eisfachs entlang, das mit allen möglichen Eissorten gefüllt ist, und sieht sich im Shop um. Alle Regale sind wieder aufgefüllt. Sie wirft einen Blick auf die Wanduhr. Es dauert noch ewig lange, bis der Shop geschlossen wird. Sie hört das Klicken der Laptoptastatur, die Agnes im Hinterzimmer bearbeitet, hört das Summen der Kühl- und Gefrierschränke und ihre eigenen Schritte auf dem abwetzten Linoleumboden.

Sie nimmt eine Zeitschrift aus dem Regal und blättert sie durch, ohne tatsächlich etwas zu lesen. Stattdessen studiert sie den Aufdruck auf einer Tafel Schokolade, wo erklärt wird, wie sie eine Reise mit der ganzen Familie nach Disneyland Paris gewinnen kann, wenn sie die Homepage anklickt und ein paar Fragen beantwortet.

Sie schiebt sich hinter den Tresen und blickt noch einmal zu dem Monitor, der die Bilder aus den Überwachungskameras überträgt. Sie zeigen eine menschenleere Tankstelle. Dann wendet sie sich um und sieht zur Schnellstraße hinüber, die nicht minder verwaist ist. Sie fragt sich, ob sie die Straße wohl jemals so verlassen erlebt hat. Hat sie nicht. Das weiß sie. So etwas hat es noch nie gegeben, denn noch nie war Dänemark bis ins Finale gekommen. Es ist eine ganz besondere Nacht. Fast sehnt sie sich danach, selbst darüber in Aufregung geraten zu können. Doch es geht einfach nicht. Sie fragt sich, was wohl geschehen wird, wenn Dänemark heute Nacht tatsächlich das Finale gewinnt. Totales Chaos. Überall im Land würden die Leute auf die Straßen laufen und die ganze Nacht über Party machen. Doch hier draußen nicht. Denn hier passierte nie was. Und selbst wenn, bei *der* Party wollte sie nicht mitmachen.

An der Luftpumpe bleibt ihr Blick hängen. Die steht zwischen den Zapfsäulen mitten im Weg. Eben hatte sie noch nicht dort gestanden. *Oder doch?* Sie verzieht das Gesicht. Der Deutsche in dem Wohnmobil, ihr bislang einziger Kunde – hat er sie benutzt, um den Luftdruck in seinen Reifen zu regulieren? Sie spürt ein seltsames Kribbeln auf dem Rücken. Er hatte auf der anderen Seite bei Säule Fünf gehalten. Wenn er die Pumpe benutzt hätte, stände sie jetzt auch auf der anderen Seite bei Säule Fünf. Und außerdem stand sie eben ganz sicher noch nicht da.

Sie tritt aus dem Shop, bleibt unmittelbar hinter der Automatiktür stehen und sieht sich in alle Richtungen um, bevor sie wieder zur Luftpumpe schaut. Wer mochte sie dort abgestellt haben?

»Sind wir hier bei Versteckte Kamera, oder was?«, murmelt sie, nimmt die Pumpe und bringt sie dorthin zurück, wo sie hingehört – neben die andere Luftpumpe. Sie hängt sie wieder an die Pressluftzufuhr. Das Ventil zischt und pfeift, als sich der Tank der Pumpe füllt.

DER SONNENUNTERGANG SCHEINT DURCHS FENSTER

AGNES STREIFT DIE SCHUHE AB, weil sie die Zehen frei bewegen will. Sie lässt ihre Magisterarbeit Magisterarbeit sein und loggt sich bei Facebook ein, weil sie sehen will, was die anderen so treiben. Alle sehen sich das Finale an und teilen das auch der ganzen Welt mit. Anscheinend hat das Spiel begonnen. Agnes wendet sich wieder ihrer Magisterarbeit zu. Sie trinkt den letzten Schluck aus ihrem Wasserglas.

Belindas Stimme dringt durch die offene Tür in den Raum. Sie spricht draußen vor dem Shop übers Handy mit jemandem. Sie lacht. Das Gespräch dreht sich um einen merkwürdigen Kerl aus irgendeiner Disco. Agnes belauscht andere zwar nicht gern, doch so wie Belinda herumbrüllt, lässt sich das nur schwer vermeiden.

Genauso schwer ist es, sich auf die Magisterarbeit zu konzentrieren. Sie trommelt mit den Fingern auf die Tischplatte. Sie wird allmählich ungehalten, doch sie will das Gefühl nicht an sich heranlassen. Der Sonnenuntergang scheint durchs Fenster; eine warme, orangefarbene Glut – nicht gerade angenehm, weil es ihre Augen anstrengt und ihr Gesicht sich im Monitor spiegelt.

Belinda lacht schon wieder, schreit fast vor Lachen. »Das hast du nicht! Das kannst du nicht!«

Agnes steht auf, um ihr Glas am Wasserhahn aufzufüllen. Sie zögert kurz, dann schließt sie sorgfältig die Tür zum Shop, rutscht wieder auf den Stuhl und vor ihre Magisterarbeit.

SIE IST SO DURCHGEKNALLT

DIE TÜR ZUM HINTERZIMMER schwingt auf. Belinda kommt herein und bleibt mitten im Raum stehen.

Agnes hebt den Blick von ihrer Magisterarbeit und ist geschockt, als sie sieht, dass sich Belinda die Augen ausweint. Die Wangen verschmiert von ausgewaschener Wimperntusche, ihre Lippen zittern.

»Was ist passiert?« Agnes eilt zu Belinda und zögert nur kurz, bevor sie sie in die Arme nimmt. »Was ist passiert?«

»Es ist nur meine Mutter. Sie ist so durchgeknallt.«

Agnes drückt sie noch einmal fest und lässt dann los. Es ist eigenartig, Belinda im Arm zu halten, deshalb führt sie sie rasch zu einem Stuhl und drückt ihr eine Rolle Papiertücher in die Hand. »Hier, nimm die.«

Belinda nimmt die Rolle und reißt ein paar Blätter ab. Auf ihre Kleidung ist etwas Wimperntusche getropft. Sie schüttelt den Kopf und blickt Agnes kurz in die Augen. »Oh mein Gott«, murmelt sie. Erneut fließen Tränen über ihre Wangen. Sie schüttelt den Kopf, beugt sich vor und weint lautlos.

»Ich dachte, ich hätte dich erst vor einer Minute lachen hören.« Agnes zieht einen Stuhl neben Belinda und setzt sich hin. Sie stupst Belinda sanft am Arm. »Was ist mit deiner Mutter?«

»Sie hat mich aus der Wohnung rausgeschmissen.«

»Gerade eben, meinst du?«

»Ja.«

»Scheiße!«

»Ja.«

»Aber warum?«

Belinda wischt sich wie wild die Augen und verschmiert die Wimperntusche überall auf ihren Wangen. Sie holt langsam Luft, schaut schließlich auf und erwidert Agnes' Blick. »Sie will, dass ich mich nicht mehr mit Christoffer treffe. Entweder das oder Rauswurf.«

Agnes erhebt sich und schenkt Belinda ein Glas Wasser ein. »Hier, trink.«

Belinda verzieht das Gesicht. »Ich brauche kein Wasser. Ich brauche jetzt einen anständigen Schluck Wodka.«

Agnes stellt das Glas auf den Tisch.

»Sie ist doch nur eifersüchtig, weil ich jung bin und gut aussehe und sie eine alte Hexe ist. Auf alte, abgeschlaffte Weiber hat kein Mann Bock, weißt du. Sie sollte sich aus meinem Liebesleben heraushalten. Ich bin jetzt volljährig, eine erwachsene Frau. Es ist mir völlig egal, ob sie kontrolliert, mit wem ich mich verabrede und mit wem nicht. Es ist meine eigene Sache, mit wem ich mich treffe, oder nicht?«

»Ich denke schon.« Agnes wischt mit dem Zeigefinger einen verschütteten Wassertropfen vom Tisch ab. »Ich weiß nicht, ob ich das hier wirklich kapiere.«

»Was ist daran nicht zu verstehen? Meine Mutter hat gerade angerufen, um mir mitzuteilen, dass ich mir eine andere Bleibe suchen muss, falls ich mich weiterhin mit Christoffer verabrede.« Schon wieder rollen Tränen aus ihren Augen. Belinda wirft die Papiertaschentücher auf den Boden. »Mist. Mistmistmist. Ich will hier nicht herumsitzen und jammern wie ein Baby!«

»Du jammerst nicht, Belinda. Das ist okay.«

Belinda schüttelt nur den Kopf.

Agnes blickt wieder zum Fenster und versucht, ihre Gedanken zu sortieren. Mit einundzwanzig könnte es Belinda vielleicht ganz guttun, zu Hause auszuziehen und zu lernen, auf eigenen Füßen zu stehen. »Es muss nicht das Ende der Welt bedeuten. Vielleicht ist es sogar besser. Einer der wenigen Vorzüge dieser Gegend ist, dass man leicht etwas Billiges zum Wohnen finden kann. Das wird schon.«

Belinda nickte. »Ich weiß.«

»Was ist denn mit diesem Christoffer? Warum will deine Mutter, dass du dich nicht mehr mit ihm triffst?«

»Es ist so bescheuert«, murmelt Belinda. »Sie …«

Agnes wendet den Kopf, als sie draußen einen Wagen stoppen hört. »Wir haben einen Kunden.« Dann wird eine Autotür zugeschlagen, kurz darauf beginnt eine Zapfsäule zu summen.

Agnes steht auf und legt Belinda die Hand auf die Schulter. »Ich bin dran«, sagt sie sanft. »Bleib einfach hier.«

Belinda versucht zu lächeln. Ihr Gesicht ist von Tränen, Rotz und Wimperntusche verschmiert.

HAT DAS FINALE SCHON ANGEFANGEN?

»AGNES BIRKEMOSE?« Der Kunde lächelt entwaffnend. Er ist ein Mann um die vierzig, in schwarzem Anzug mit Schlips. Trotzdem macht er den Eindruck, als käme er vom Land. Vielleicht liegt es an dem Anzug, der nicht gut sitzt, vielleicht auch an seinem plumpen Gesicht. Agnes hat ihn jedenfalls nie zuvor gesehen.

»Woher wissen Sie, wie ich heiße?« Sie liest den Zählerstand von Säule Drei ab, Super, bleifrei, und tippt die Summe in die Registrierkasse. Sein metallicblauer Toyota parkt neben der dritten Zapfsäule.

»Ihr Namensschild.« Er deutet auf das Namensschild links an ihrer Brust.

»Oh«, lächelt sie. »Ach so.« Ein kurzer Blick zur Kassenanzeige. »Das macht dann 355 Kronen.«

»Ach übrigens«, er hebt den Zeigefinger. »Ich brauche noch einen von diesen Duftbäumen, die man sich an den Rückspiegel hängt.«

»Einen Wunderbaum?«

»Genau. Oh. Wo habe ich denn mein Portemonnaie gelassen?« Er durchsucht Jacken- und Hosentaschen. »Ich weiß genau, dass ich es gerade noch in der Hand hatte. Tut mir leid. Ich bin heute ein bisschen im Stress. Ah, da ist es ja! In der Gesäßtasche! Da stecke ich mein Portemonnaie sonst nie rein. Wie kommt es da nur hin?« Er schüttelt den Kopf und zieht die Kreditkarte aus der Börse. »Bitte.«

»Wollten Sie jetzt auch einen Wunderbaum?«

»Ja, natürlich. Hätte ich fast vergessen.«

»Welche Farbe? Welcher Duft?«

»Das ist egal.«

»Okay, das macht dann 380 Kronen.«

»Die Gesamtsumme?« Er schiebt die Kreditkarte ins Lesegerät, tippt die Geheimzahl ein und bestätigt den abzubuchenden Betrag. Die Maschine führt die Transaktion nicht aus.

»Hier steht: Falsche PIN-Nummer.«

»Ich werde noch mal …« Er wischt sich den Schweiß von der Stirn. »Eines Tages bringe ich es noch fertig, meinen eigenen Kopf zu vergessen.« Er lacht hilflos und gibt den PIN-Code erneut ein. Diesmal akzeptiert ihn die Maschine, und die Registrierkasse druckt einen Beleg aus.

»Brauchen Sie die Quittung?«

»Nein, behalten Sie sie.« Er dreht sich um und will den Shop verlassen.

»Vergessen Sie den Wunderbaum nicht!« Sie nimmt ihn vom Tresen und schwenkt ihn. »Ich habe den Eindruck, etwas Entspannung würde Ihnen ganz guttun.« Sie grinst ihn an, als er ihr den Wunderbaum aus der Hand nimmt.

»Ja, das höre ich ständig.« Er erwidert das Grinsen und lässt den Wunderbaum in seine Tasche gleiten. »Vielen Dank, Agnes.«

Sie lächelt, aber es kommt nicht von Herzen. Es gefällt ihr nicht, wenn Kunden zu persönlich werden.

»Danke.« Er dreht sich um und geht. Als die beiden Hälften der Automatiktür zur Seite gleiten, damit er den Shop verlassen kann, bleibt er kurz stehen. »Hat das Finale schon angefangen?«, erkundigt er sich.

»Ich glaube schon.«

»Wissen Sie, wie es steht?«

»Nein.«

»Sehen Sie sich das Spiel denn nicht hinten an?«

»Nein.«

»Verstehe.« Er nickt grüßend und hastet zu seinem Auto. Er klopft seine Taschen ab, als er nach den Wagenschlüsseln sucht.

Agnes bleibt noch einen Moment hinter dem Tresen stehen, um sich zu sammeln, bevor sie wieder zu Belinda geht. Sie sieht, wie der blaue Toyota wegfährt und ein anderer Wagen auf die Tankstelle einbiegt. Er hält neben Zapfsäule Zwei.

DAS HIER KOMMT AUF YOUTUBE

ES IST EIN ALTER BMW. Weiß, angerostet, ein Frontscheinwerfer funktioniert nicht.

Beide Vordertüren öffnen sich, und zwei junge Männer steigen aus. Der Fahrer ist groß und sehr muskulös. Er verschränkt die Hände im Nacken und dehnt seinen Rücken. Seine kräftige Brustmuskulatur zeichnet sich unter dem T-Shirt ab, als er den Blick auf den Shop richtet.

Agnes schaut hastig weg und tritt unbewusst einen Schritt zurück. Es fühlt sich kurz an, als würde er direkt zu ihr herübersehen, als suche sein Blick sie hinter dem Tresen.

Ein Anflug von Unwohlsein, vielleicht sogar Scham, überkommt sie. Als wäre sie beim Spannen erwischt worden.

Dann fasst sie wieder Mut, sieht hin. Der Fahrer hat angefangen, den Wagen an Säule Zwei zu betanken, der andere Mann filmt ihn dabei. Sie sieht die Kamera in seiner Hand. Er hat den Riemen ums Handgelenk geschlungen, der Monitor ist seitlich aufgeklappt.

Der große Typ versucht, den anderen wegzuscheuchen und greift nach der Kamera, um ihn am Filmen zu hindern. Vergeblich. Der andere lacht und filmt weiter. Der Große gibt sich geschlagen, lässt die breiten Schultern hängen und kümmert sich dann einfach ums Tanken, während der andere sich vor ihn stellt und in sein Gesicht zoomt. Die Benzinpumpe schaltet sich aus. Der Tank ist voll. Der Große hängt die Zapfpistole zurück in die Halterung, schraubt den Tankdeckel zu und geht zum Shop, um zu bezahlen. Der andere folgt ihm, immer noch filmend.

Die Automatiktür gleitet auf, und beide treten ein.

»Holen wir uns was zu trinken?«, fragt der Große.

Der andere lacht nur, dreht sich im Kreis, filmt den Shop, die Auslagen, die Regale, die Süßigkeiten, die Landkarten, den Kühlschrank und die Limonaden. Agnes hinter dem Tresen. Auf ihr verweilt er und wartet, während sich das Objektiv auf sie scharf stellt.

»Hör damit auf, Frederik!« Der Große lacht. »Sie mag das nicht.«

»Woher willst du das wissen?«

»Ich weiß es eben.«

Frederik löst den Blick vom Kameramonitor, sieht Agnes ins Gesicht und grinst unschuldig. »Wir albern nur so herum. Du hast doch nichts dagegen, oder?« Dabei hält er ihr die Kamera unverwandt mitten ins Gesicht.

Agnes zögert. »Dein Freund hat recht. Es wäre mir lieber, wenn du damit aufhörst.«

»Mein Freund? Wer? Oscar?« Er schwenkt die Kamera, um den Großen zu filmen, der den Kühlschrank absucht. »Oscar, sind wir Freunde?«

»Lass das. Willst du was trinken? Ja oder nein?« Er nimmt sich eine Cola.

Frederik zoomt näher, antwortet aber erst, nachdem Oscar die Kühlschranktür wieder geschlossen hat. »Oh, ich hätte gern eine Cola.«

»Warum sagst du dann nichts?«

Er lacht und wendet sich wieder Agnes zu. Sie sieht, wie der Zoom einsetzt, und seinen Daumen am Schalter oben an der Kamera, mit dem er ihn justiert. Er zoomt sie näher. Viel zu nah. Das gefällt ihr überhaupt nicht. Worauf zoomt er überhaupt? Auf ihre Lippen? Ihren Hals? Ihre Brüste? Nein. Sie glaubt, die Kamera ist auf ihr Gesicht gerichtet.

»Hör bitte auf, mich zu filmen«, sagt sie und versucht ihrer Stimme so viel Autorität zu verleihen, wie sie nur aufbringen kann. Was nicht viel ist, jedenfalls nicht genug. »Hör auf, mich zu filmen.«

»Die Dame hat gesagt, du sollst aufhören. Frederik.« Oscar stellt sich vor die Kamera, blockiert sie und stellt zwei Dosen Cola auf den Tresen. »Und Säule Zwei, bitte.«

Agnes dreht sich zur Registrierkasse und tippt den Betrag für das Benzin ein, dann scannt sie die Barcodes der Colas.

Oscar zieht einen 500-Kronen-Schein aus der Tasche, während Frederik um ihn herumgeht, die Kamera noch immer im Anschlag.

»Und hier sehen wir unseren Helden, wie er bei der

bildhübschen Kassiererin Benzin und Cola bezahlt.« Er spricht mit der Stimme eines Radioansagers von 1942.

»Ich muss mich entschuldigen, ehrlich«, sagt Oscar zu ihr. »Er hat die Kamera heute erst bekommen und filmt, seit er die Batterien aufgeladen hat, jede Sekunde. Und ich meine wirklich *jede Sekunde*. Ich habe keine Ahnung, was mit ihm los ist. Ich versuche schon den ganzen Tag, ihn dazu zu bringen, damit aufzuhören.«

Er schlägt die Augen nieder, als sie versucht, einen Blick zu erhaschen. *Ist er schüchtern?* Sie wendet sich zu Frederik. Diesmal gibt es keinen Zweifel mehr. Er richtet die Kamera direkt auf ihre Brust.

»Agnes Birkemose«, sagt er und lacht. Er muss ihr Namensschild herangezoomt haben. »Die Schöne von der Tankstelle in ... Wo zum Teufel sind wir hier, Oscar?«

»Keine Ahnung. Komm schon, Frederik. Hör auf damit. Wir haben getankt und unsere Colas. Wir müssen weiter.«

»Die Schöne von der Tankstelle ... Agnes, meine Schöne ... magst du deinen beiden Gästen mitteilen, in welchem Teil dieses Flachlandes wir uns genau befinden?«

»Ich habe dich gebeten, mich nicht mehr zu filmen«, sagt sie und ballt die Fäuste. »Dann erwarte ich, dass du mit dem Filmen aufhörst!«

»Die Schöne von der Tankstelle in Hinterwald, Dänemark«, sagt er und lacht dämlich. »Sie ist eine wahre Schönheit, aber diese Bauernmädchen sind für ihr aufbrausendes Temperament bekannt. Bleiben Sie dran, meine Damen und Herren, denn in diesem hübschen Körper lauert eine gefährliche Löwin.«

»Bitte!« Sie schafft es nicht ganz, ein Grinsen zu unterdrücken. »Hör einfach auf, okay?«

»Komm schon, Frederik. Wir müssen los!« Oscar schnappt sich das Wechselgeld und die beiden Colas und wirft Agnes einen letzten entschuldigenden Blick zu. Dann dreht er sich um und verlässt den Shop.

Frederik bleibt, wo er ist, die Kamera weiterhin auf sie gerichtet. »Wir machen nur Quatsch, okay? Wir wollen niemandem was Böses. Ich wollte dich nicht beleidigen. Es war alles nur Spaß.«

»Geh einfach. Sofort! Oder ich rufe die Polizei.«

»Oh je«, sagt er, lacht und streckt die Hand aus. »Ich werde gehen, versprochen. Gib mir nur noch deine Telefonnummer. Ich würde dich wirklich gerne kennenlernen. Du scheinst echt nett zu sein.«

Sie holt sehr langsam Luft. Sie spürt, wie sich ihre Rückenmuskulatur anspannt. »Auf Wiedersehen.«

»Ich brauche deine Telefonnummer, damit ich dir Bescheid geben kann. Das hier kommt auf YouTube.«

»Frederik! Beweg dich!«, schreit Oscar durchs Autofenster. »Ich fahre jetzt los.«

Frederik schüttelt ungläubig den Kopf. »Agnes«, sagt er und stellt die Kamera aus. »Ich habe nur Spaß gemacht. Es tut mir leid, wenn ich zu weit gegangen bin. Okay?«

»Nein. Das ist nicht okay. Ich habe dich darum gebeten, dass du aufhörst, mich zu filmen.« Sie deutet mit dem Finger auf ihn, obwohl sie jetzt nicht mehr ganz so sauer ist. »Also hättest du aufhören müssen, mich zu filmen. Schlicht und einfach.«

Er senkt den Kopf, und es scheint, als könnte es ein

Schuldeingeständnis werden. »Aber ich bin doch bestimmt nicht der Einzige, der jemanden ohne dessen Einwilligung filmt, oder? Wie viele Kameras haben Oscar und mich auf dieser Tankstelle gefilmt, seit wir hier sind?«

»Auf Wiedersehen.«

Draußen an Säule Zwei hat Oscar den Motor angelassen. Er hupt zweimal, kurz und schnell.

DIE HATTEN EINE FRAU AUF DEM RÜCKSITZ

»HAST DU DIE FRAU GESEHEN?« Belinda steht in der Tür zum Hinterzimmer. Sie hat sich die schwarzen Spuren der Wimperntusche aus dem Gesicht gewischt. Ihre Augen sind vom Weinen immer noch rot und geschwollen.

»Was? Welche Frau?«

»Die hatten eine Frau auf dem Rücksitz. Sie war gefesselt. Sie musste gefesselt gewesen sein. Denn sie hat sich überhaupt nicht gerührt. Sie saß nur da. Und ihr Mund war mit Isolierband zugeklebt.«

»Isolierband? Die beiden Typen, die gerade gegangen sind? Die mit dem BMW?«

»Ja. Die sind gerade mit quietschenden Reifen davongedüst. Sie hatten eine Frau auf dem Rücksitz. Ich glaube, sie haben sie entführt.«

»Ach, Blödsinn.« Agnes warf einen Blick auf Zapfsäule Zwei, wo eben noch der BMW gestanden hatte. »Nein. Das glaube ich nicht. Eine Frau auf dem Rücksitz wäre mir sicher aufgefallen. Das waren keine Entführer, die waren nur jung und bescheuert.«

»Ich sage dir, die hatten eine Frau hinten im Wagen, deren Mund mit Isolierband verklebt war. Ich habe sie *gesehen!*«

»Aber wie konntest du sie überhaupt sehen? Das Fenster im Hinterzimmer zeigt in die andere Richtung. Von da aus war der Wagen gar nicht zu sehen.«

»Ich bin rausgekommen, um dir zu helfen. Nach dem, was ich mitbekommen hatte, dachte ich, du könntest etwas Verstärkung gebrauchen.«

Agnes sieht ihr in die Augen. »Wirklich?«

Belinda nickt.

»Danke, das ist nett von dir.«

Belinda nickt noch mal, und ihr Mundwinkel zuckt nervös. »Die haben mir echt Angst eingejagt. Das waren verdammte Psychos. Ist dir eigentlich klar, wozu solche Leute imstande sind?«

Agnes wich ihrem Blick aus. »Ehrlich gesagt hätte ich es, glaube ich, bemerkt, wenn da noch jemand anders in dem Wagen gesessen hätte.«

»Also saß hinten nur deshalb keine Frau, weil du sie nicht gesehen hast?«

Agnes hebt eine Braue.

»Aber *ich* habe sie gesehen«, fährt Belinda fort. »Sie saß da, ganz gerade, fast steif. Vielleicht haben sie sie unter Drogen gesetzt. Und sie hatte Klebeband über dem Mund.«

»Also gut, ich habe sie nicht gesehen. Trotzdem kann sie da gewesen sein, das gebe ich zu. Können wir es vielleicht dabei bewenden lassen?«

»Ich muss immer daran denken, was sie ihr antun werden. Miese Psychos. Ich habe mal einen Film gesehen, wo so ein Psycho ein paar Frauen in seinem Keller eingesperrt hat. Er hat sie gefoltert. Es war eklig und gemein.«

Agnes seufzt und beißt sich auf die Lippe. *Vielleicht solltest du nicht so viele Filme gucken, Belinda?* »Willst du die Polizei anrufen? Wenn eine gefesselte Frau auf dem Rücksitz dieses Autos gesessen hat, müsste man das in den Aufzeichnungen der Überwachungskameras sehen können. Die werden irgendwo auf Festplatte gespeichert, glaube ich.«

Belinda verlagert ihr Gewicht von einem Bein aufs andere und wieder zurück. »Nein, lass mal lieber. Wir wollen doch nicht, dass hier alles voller Polizei ist.« Nach diesen Worten dreht sie sich um und verschwindet im Hinterzimmer.

Agnes bleibt, wo sie ist, und blickt zur Wanduhr. Bis zum Ladenschluss dauert es noch Stunden. Sie stellt sich vor, was Benjamin wohl gerade macht. Er klebt vermutlich am Fernseher und sieht sich das Finale an. Sie fühlt sich furchtbar müde.

»Ich hoffe, das waren die letzten Kunden heute Abend«, sagt Belinda, als Agnes wenige Augenblicke später ins Hinterzimmer kommt.

»Warum das denn?«

»Ich will unsere Wette nicht verlieren. Und das waren schon drei Kunden bis jetzt, oder?«

DAS BLUT AN IHREN FINGERN FÜHLT SICH KLEBRIG AN

»BABY, BIST DU DAS?« Es ist vollkommen finster, deshalb reißt sie die Augen noch weiter auf. Vorsichtig streckt sie den Arm in die Richtung, aus der sie das Atmen des Mannes hört, irgendwo vor sich. »Baby?«

Sie bekommt keine Antwort, doch aus der Dunkelheit vor ihr dringt ein schwaches, schmerzerfülltes Ächzen. Sie kriecht auf Händen und Füßen weiter, beißt die Zähne zusammen, als der Schmerz wie eine Welle durch ihren Körper rauscht. Schweiß tropft ihr vom Kinn. Ihr Herz schlägt schnell, rasend schnell. Sie müht sich voran, versucht den Weg zu dem stöhnenden Mann zu ertasten. Aber er stöhnt jetzt nicht mehr. Das Geräusch ist verstummt. Sie hört nur ihren eigenen Atem, ihren eigenen Herzschlag.

»Liebling?« Sie rollt sich auf die Seite, um die Knie zu entlasten. Der unebene Zementboden hat die Schürfwunden an ihren Knien wieder aufgerissen. Sie kämpft gegen ihre schnelle Atmung an, versucht, sich einen langsameren, ruhigeren Rhythmus aufzuzwingen. Sie wehrt sich gegen die Panik, die in ihr kocht und ihre Seele in Aufruhr versetzt, gegen die Adrenalinschübe und gegen den hämmernden Herzschlag. Sie muss ruhig sein. Ihr Körper muss still sein.

Sie spürt den bröckelnden Beton unter ihrer Haut und die feuchte Kälte, riecht den muffigen Geruch von Pilzen und klammer Luft. Sie hört Schritte, irgendwo im Gebäude, in einem anderen Zimmer, einem Flur vielleicht. Stimmen, gedämpft, unverständlich. Unbekannte Stimmen.

»Liebling?«, flüstert sie. Sie hofft, dass er es ist und gleichzeitig, dass er es nicht ist, hofft, dass er davongekommen, irgendwo da draußen ist und Hilfe holt. Hofft, dass er kommt und sie rettet. Hofft, dass er es ist, damit er sie hält und sie nicht allein in dieser furchtbaren Dunkelheit ausharren muss. Sie könnten sich gemeinsam hier herauskämpfen.

Aber jetzt ist er still. Der Mann, der vor Schmerz gestöhnt hat, ist jetzt still. Sie weiß nicht, ob er es ist oder nicht.

Über ihr beginnen die Wasserrohre zu singen. Der Klang erinnert sie an ihre Mutter. In ihrer Kindheit machten die Rohre das gleiche Geräusch, wenn ihre Mutter morgens den Hahn aufdrehte, um Kaffee zu kochen. In der Dunkelheit ihres Zimmers hatte sie sich dann immer schlafend gestellt.

Sie betastet ihr Knie, streicht vorsichtig über die Abschürfungen. Das Blut an ihren Fingern fühlt sich klebrig an.

»Au.«

Bei dem Geräusch zuckt sie zusammen. Sie dreht sich in die Richtung, aus der es kam, und kriecht auf dem Bauch dorthin. Sie kommt langsam voran, spürt den bröckelnden Zementboden unter ihren zittrigen Händen. Eine derart pechschwarze, undurchdringliche Dunkelheit hat sie noch nie erlebt. Sie hat keine Ahnung, welche Form oder Größe dieser Raum hat, in dem sie zu sich gekommen ist. Es gibt einen schwachen Hall, aber daraus kann sie nur schließen, dass der Raum leer ist. Oder leer sein könnte. Oder so gut wie leer ist. Vielleicht verrät der Hall auch gar nichts.

Dann berührt ihre Hand etwas Weiches. Haut. Ein Mann stöhnt, und sie spürt erneut klebriges Blut an den Fingern. Sie beeilt sich, näher zu rücken, lässt ihre Hände auf der Suche nach dem Kopf über den ganzen Körper gleiten, versucht am Gesichtsschnitt zu ertasten, ob er es wirklich ist, doch es ist hoffnungslos. Er ächzt, als sie seine Nase berührt, die sich groß und geschwollen anfühlt, als sei sie gebrochen, der Winkel ist ganz unnatürlich.

»Bist du das?«, flüstert sie. Er muss sie doch hören, muss bei Bewusstsein sein, weil er auf den Schmerz reagiert, den ihre Berührung ihm bereitet … oder? Oder nicht?

»Was haben sie mit dir gemacht?«, flüstert sie. Ihre geschwollenen Lippen verwischen ihre Aussprache. Er erkennt vielleicht nicht einmal ihre Stimme.

EIGENTLICH MACHT ER SOWAS NICHT MEHR, WEISST DU

BELINDA STARRT IN DEN TASCHENSPIEGEL und frischt ihr Make-up auf. Sie benutzt Unmengen von Wimperntusche. »Mit meiner Mutter ist es dermaßen verfahren – irgendwie weiß ich nicht mal, wo ich die Nacht verbringen soll.«

Agnes sieht vom Laptopmonitor hoch und fährt sich mit der Zungenspitze über die obere Zahnreihe. Die Aussichten stehen schlecht, im weiteren Verlauf des Abends noch an der Magisterarbeit zu arbeiten. »Und was ist mit der Wohnung von deinem Freund?«

»Was soll damit sein?«

»Kannst du die Nacht nicht bei ihm verbringen?«

Sie schüttelt zwar den Kopf, sagt aber: »Vielleicht.« Sie wedelt mit der Mascarabürste. »Da ist nicht viel Platz, und ich weiß nicht, ob ich da übernachten will.«

Agnes vermutet, es wäre richtig, Belinda ihre Couch für die Nacht anzubieten. Doch sie lässt es. Stattdessen geht sie zur Kaffeemaschine und macht Kaffee für sie beide.

»Wenn ich die Nacht bei ihm schlafe, erschlägt meine Mutter mich«, lacht Belinda. Offenbar ist sie mit dem Ergebnis ihrer Bemühungen am linken Auge zufrieden und trägt jetzt Mascara auf die Wimpern des rechten Auges auf. »Sie ist völlig irre.«

Agnes wechselt den Kaffeefilter und löffelt gemahlenen Kaffee hinein. Der Kaffee duftet angenehm. Sie sieht zur Uhr. Es ist nicht einmal zwei Stunden her, seit ihre Schicht begonnen hat. Ob es wohl sehr unsensibel von ihr wäre, Belinda um etwas Ruhe und Rücksichtnahme zu bitten, damit sie weiter an der Magisterarbeit schreiben kann?

»Seit er die Bewährungsstrafe bekommen hat, flippt sie aus. Als wäre er ein Psycho oder so was. Ich weiß auch nicht, was in sie gefahren ist. Schließlich ist er nicht Ted Bundy, weißt du.«

Agnes schaltete die Kaffeemaschine an, die kurz darauf zu zischen anfängt. »Was hat er denn angestellt?«

»Aus Spaß Leute abgeklatscht.«

Agnes richtet den Blick auf Belinda, die inzwischen mit dem Auftragen der Wimperntusche fertig ist. Das Weiße in ihren Augen ist immer noch gerötet. Selbst die dickste Mascaraschicht kann das nicht verbergen. »Leute abklatschen?«

»Nichts Besonderes, weißt du. Nur so aus Jux.«

»Aus Jux? Was redest du da? Das ist Gewalt, Belinda. Meinst du, die Opfer finden das witzig?«

Sie grinst. »Nein. Aber so brutal war es auch nicht. Die haben bloß Leute herumgeschubst, und Christoffer hat außerdem gar nicht richtig mitgemacht.«

Agnes wird plötzlich kalt. »Wie kann er nicht mitgemacht haben? Man hätte ihn wohl kaum verurteilt, wenn er nicht beteiligt gewesen wäre.«

Belinda seufzt melodramatisch. »Er hat alles nur gefilmt. Mit seinem Handy. Er hat keinen geschubst oder verletzt. Das waren die anderen.«

»Dann *hat* er sich beteiligt!« Der Duft von frisch gebrühtem Kaffee füllt den Raum, doch Agnes kann ihn nicht genießen. »Belinda – und wenn du das Opfer gewesen wärst?«

»Ich fahre nie betrunken mit dem Fahrrad.«

Agnes setzt sich langsam auf den Stuhl vor ihrem Laptop und starrt auf die Tastatur.

»Und genau das haben sie gemacht. Sie haben beim Rathaus einen Betrunkenen vom Fahrrad geschubst. Es ist doch bescheuert, Fahrrad zu fahren, wenn man so voll ist wie eine Haubitze. Findest du nicht auch?«

Agnes zuckt mit den Schultern. »Wie hat man sie erwischt?«

»Die Polizei kam zufälligerweise vorbei. Natürlich haben sie der Polizei erzählt, dass es ein Unfall war, aber dann hat die Polizei all die anderen Abklatschfilme gefunden, die sie mit Christoffers Handy aufgenommen haben.«

»All die anderen Filme?«

»Na ja. Die waren ja nur zum Ablachen. Keiner wurde ernsthaft verletzt, weißt du.«

Agnes Gedanken schweifen zu Benjamin. Sie vermisst bereits seine Gesellschaft. Sie sehnt sich nach ihm, hofft, dass er die Stelle beim Staatskrankenhaus bekommt, damit sie sie ganz weit wegziehen können, raus aus diesem Loch. Sie will etwas finden, wo sie von sensibleren Kolleginnen und Kollegen umgeben ist.

»Eigentlich macht er so was nicht mehr, weißt du«, sagt Belinda und sucht in Agnes Gesicht nach irgendeiner Gefühlsregung. »Ich habe schon mal versucht, ihn dazu zu bringen, dass er damit aufhört, aber da steckte er schon so tief drin, Agnes. Ich habe zu ihm gesagt, dass ich damit nichts zu tun haben will, und er besser auch nicht, wenn er … Was?«

»Ich kapiere es nicht. Wie kannst du dich nur mit so einem Typen abgeben?«

»Findest du etwa, meine Mutter hat recht?«

»Das weiß ich nicht. Ich verstehe nur nicht, warum du mit jemandem wie ihm zusammen sein willst.«

»Er ist supernett, wenn wir allein sind. Er ist der freundlichste, liebste Mann, den du dir nur vorstellen kannst. Nicht, dass er schwul ist oder so, natürlich. Ein Macho ist er trotzdem. Aber er hat auch eine gefühlvolle Seite. Das ist der wahre Christoffer. Dieser ganze andere Mist, das ist er in Wirklichkeit gar nicht, echt nicht. Er hat bloß manchmal Probleme, sich zusammenzureißen.«

Der Kaffee ist fertig. Agnes steht auf und schenkt beiden eine Tasse ein.

»Und außerdem tut er *mir* nichts oder so«, sagt Belinda hinter ihr.

FINDEST DU DAS NICHT MERKWÜRDIG?

»AGNES! KOMM MAL RAUS!«, ruft Belinda kurz danach aus dem Shop.

»Was ist los?« Agnes starrt an die Decke. In ihrer Brust machen sich Müdigkeit und Erschöpfung breit. Sie schiebt den Stuhl zurück, steht auf und wirft ihrer Magisterarbeit einen letzten langen Blick zu.

»Das musst du dir anschauen!.«

Bitte kein YouTube-Video mehr, mault Agnes leise, als sie zu Belinda geht. »Was?«

»Die Luftpumpe.« Sie deutet auf etwas vor den großen Fensterscheiben des Shops.

»Was ist damit?«

»Die steht da einfach mitten im Weg.«

»Na und? Einer der Kunden muss vergessen haben, sie zurückzustellen.«

»Welcher Kunde? Der Typ mit dem Wunderbaum oder die anderen beiden mit der Frau auf dem Rücksitz?«

»Ich weiß nicht. Von selbst ist sie da bestimmt nicht hingekommen. Sie kann ja wohl kaum laufen.«

Agnes verlässt den Shop, geht auf direktem Weg zur Luftpumpe, die in der Durchfahrt zwischen zwei Reihen mit Zapfsäulen steht, und greift sie sich.

Belinda folgt ihr. »Ich habe sie schon einmal zurückgehängt. Vor einer Stunde stand sie an exakt derselben Stelle. Findest du das nicht merkwürdig?«

BELINDA-BABY, DU BIST DOCH NICHT SAUER AUF MICH, ODER?

ALSO LANDET AGNES wieder im Hinterzimmer und macht einen auf gebildet und intelligent, während sich Belinda im Shop zu Tode langweilt. Sie gähnt, schickt eine SMS an Clara, die aber nicht antwortet, macht die Registrierkasse auf, macht die Registrierkasse wieder zu, macht die Registrierkasse auf, macht die Registrierkasse wieder zu. Sie jongliert mit drei Packungen Zigaretten, aber eine lässt sie immer wieder fallen. Sie pfeift die Titelmelodie von Paradise Hotel, geht im Shop herum und verschiebt völlig sinnlos Gegenstände.

Draußen auf der Schnellstraße fährt ein Auto vorbei. Das erste seit einer ganzen Weile. Vielleicht ist das Finale vorbei, denkt sie. Wenn es vorbei ist, kommen vielleicht ein paar Kunden. Könnte sein.

Sie hört das leise Klicken von Agnes' Tastatur, wenn die an ihrer ach so tollen Magisterarbeit weiterschreibt. Eigentlich ist es ziemlich ärgerlich, dass sie während der Arbeit ihren Studien nachgeht und es Belinda überlässt, den Laden und all das zu schmeißen. Schließlich wird sie nicht fürs Studieren bezahlt, oder?

Es gibt zwar nicht gerade höllisch viel zu tun, aber trotzdem. Wenn heute jemand anders die Arbeitsschicht übernommen hätte – Kenny, Valdemar oder Melanie –, dann wäre es auch nicht so furchtbar langweilig geworden.

Sie nimmt ihr Handy und simst Christoffer.

Was ist jetzt?

Er antwortet auch nicht, deshalb simst sie Clara noch mal an.

Kann ich heute Nacht bei dir schlafen? Meine Mutter hat sie nicht alle.

Falls sich Clara nicht zurückmeldet, bevor hier Feierabend ist, muss sie ihre Oma anrufen und fragen, ob sie dort übernachten darf. Das hat sie schon mal gemacht. Ihre Mutter hat die Angewohnheit, regelmäßig durchzudrehen. Allerdings ist Belinda auch nicht scharf darauf, Oma in diesen ganzen Mist reinzuziehen. Oma will auch, dass sie Christoffer sausen lässt, und für so was ist sie heute Nacht wirklich nicht in Stimmung. Das hat sie alles schon tausendmal gehört.

Sie bleibt eine Weile still sitzen und starrt auf ihr Handy. Gedanken rattern durch ihren Kopf. Sie diskutiert stumm mit ihrer Mutter und ihrer Großmutter über das Leben, sie schreit sie an, erklärt ihnen, dass sie sich aus ihrem Leben heraushalten sollen; sie kann selbst entscheiden, mit wem sie zusammen sein will. Wenn die zwei wirklich so viel Ahnung haben, was Männer angeht, wieso sind sie dann beide alleinerziehende Mütter gewesen? Die beiden sollten erst mal ganz scharf in den Spiegel sehen, bevor sie an ihr herummäkeln!

Sie beißt sich auf die Lippe, umklammert ihr Handy so fest, dass die Knöchel weiß hervortreten und sich alles verkrampft. Doch das spürt sie nicht, so verloren ist sie in ihrer eigenen Welt.

Bis der Klang eines Motorrollers sie wieder in die Realität zurückholt. Sie hebt verwirrt den Kopf, wirft einen Blick aus dem Fenster und sieht Christoffer, der mit dem Roller dicht an die automatische Tür heranfährt, sodass sie schon aufgleitet, bevor er stoppt und den Ständer runterklappt. Er winkt ihr grinsend zu und steigt von der Maschine ab.

»Warum trägst du deinen Helm nicht?«

»Findest du, ich sollte?« Er lacht. »Ich hab's vergessen. Okay, Mama?«

Sie kann es nicht ausstehen, wenn er Mama zu ihr sagt.

»Bist du sauer auf mich?« Er nimmt eine Cola aus dem Kühlschrank und schraubt den Deckel ab. »Belinda-Baby, du bist doch nicht sauer auf mich, oder?«

»Nein. Ich habe nur Theater mit meiner Mutter.«

»Vergiss sie doch einfach!« Er trinkt einen kräftigen Schluck von der Cola und rülpst laut.

»Sie hat mich auf die Straße gesetzt.«

»Warum?«

»Deinetwegen.«

»Wie bescheuert.«

Sie geht zu ihm, streicht mit den Fingern über die ausrasierten Haarmuster an seinem Hinterkopf. »Ich werde nicht zulassen, dass sie uns trennt.«

»Cool.«

»Hast du geraucht?«

»Was?«

»Bist du auf irgendwas drauf?

»Nein. Ich bin pleite. Kann mir überhaupt keinen Shit leisten.« Er legt die Arme um sie und drückt ihren Hintern. »Was auch ein Grund ist, warum ich gekommen bin.«

»Hm.« Sie küsst ihn unter dem Ohr auf den Hals. »Wer soll denn die Cola zahlen, die du gerade trinkst?«

Er lacht. »Keine Ahnung. Ein bisschen Schwund kommt doch vor, in Läden wie diesem.«

Sie schließt die Augen und legt den Kopf an seine Brust. »Du stehst direkt unter einer der Überwachungskameras. Du bist auf frischer Tat ertappt.«

»Dann wirst du mir wohl das Geld leihen müssen. Außerdem bin ich deswegen sowieso hier. Ich brauche einen Tausender.«

Sie tritt einen Schritt von ihm zurück. »Willst du mich auf den Arm nehmen?«

»Nein. Ich brauche gerade wirklich dringend einen Tausender. Du kriegst ihn bald zurück, das weißt du.«

»So viel Geld habe ich nicht bei mir. Wie stellst du dir das vor?«

»Du hast doch eine Kreditkarte. Du könntest es aus der Kasse abbuchen und mir in bar geben.«

»Ich habe keine tausend Kronen über.«

»Scheiße, Belinda. Warum bist du bloß immer so verdammt egoistisch? Ich würde dich ja wohl nicht fragen, wenn ich das Geld nicht brauchen würde, oder? Komm schon, gib mir das Geld.«

Sie verschränkt die Arme vor der Brust und schüttelt den Kopf.

»Du kannst mich mal«, sagt er langsam. «Wenn dir im Notfall noch nicht mal die eigene Freundin hilft, dann …«

»Ich dachte, du guckst das Finale?«

»Finale am Arsch. Ich habe ganz andere Dinge im Kopf.«

Sie geht um den Tresen und nimmt ihr Portemonnaie. »Wozu brauchst du das Geld?«

»Ich schulde jemandem was, okay?«

»Wem?«

»Jemandem, der sein Geld haben möchte.«

Sie zögert mit dem Portemonnaie in der Hand. Sie würde ihm ja gern helfen, aber … »Ich habe zweihundert. Die kannst du haben.«

»Zweihundert?« Er schnaubt.

»Das ist alles, was ich habe.«

»Kannst du deine Kreditkarte nicht belasten?«

»Ich habe nichts mehr auf dem Konto.«

»Kannst du nicht überziehen?«

»Nein.«

Sie reicht ihm zwei Hunderter, er reißt sie ihr aus der Hand, dreht sich um und geht. Auf dem Weg zur Automatiktür sagt er noch was, was sie nicht richtig versteht. Es könnte »blöde Ziege« gewesen sein. Es kommen auch eine Menge anderer Worte infrage, wie zum Beispiel »Danke, dass du mir aushilfst, Baby« oder »Ich liebe dich wie verrückt«, aber es klang verdammt nach »blöde Ziege«.

EIGENTLICH IST ER GANZ ANDERS

AGNES EILT ZU BELINDA, als sie den Roller wegfahren hört. »Alles klar mit dir?«

Belinda nickt, weicht aber ihrem Blick aus.

»Ich finde nicht, dass sein Verhalten okay war, Belinda. Warum gibst du dich mit ihm ab?«

Belinda legt ihr Portemonnaie zurück ins Regal unterm Tresen. »Vielleicht geht dich das nichts an?«

»Tut es nicht«, seufzt Agnes. »Aber weil du vorhin zu mir gekommen bist, dachte ich …«

»Eigentlich«, sagt Belinda und schaut Christoffer nach, der inzwischen nur noch eine winzige Silhouette weit draußen auf der Schnellstraße ist, »eigentlich ist er ganz anders. Man muss ihn besser kennen, um seine andere Seite zu sehen. Das … das … Jeder hat mal einen schlechten Tag, weißt du.«

Agnes blickt Belinda lange an. Sie sieht das blondierte Haar, die dicke Schicht Wimperntusche und die dunkle, solariumgebräunte Haut. Belinda und Agnes entstammen zwei unterschiedlichen Welten, zwei unterschiedlichen Kulturen, auch wenn sie beide in Dänemark geboren wurden und dänische Eltern haben. »Jeder hat mal einen schlechten Tag«, pflichtet sie bei und kehrt ins Hinterzimmer zu ihrer Magisterarbeit zurück.

DAS PROBLEM WAR, DASS ER NICHT ALLEIN GEWESEN IST

ZWANZIG MINUTEN SPÄTER ruft Benjamin an. Wenn er sie anfunkt, spielt Agnes' Handy eine fröhliche kleine Melodie, sodass sie gleich weiß, wer dran ist. Sie braucht nicht aufs Handy zu sehen, um zu wissen, dass er es ist, trotzdem tut sie es.

»Hi, Baby. Wie steht's? Haben wir das Finale gewonnen?«

»Nein. Es ist der totale Wahnsinn.« Sein Lachen klingt zugleich belustigt und traurig. »Der Spielbeginn hatte sich wegen der Unruhen vorm Stadion und dem ganzen Theater verzögert, und sie hatten gerade angefangen, als irgend so ein Trottel splitterfasernackt aufs Spielfeld gelaufen kam. Jetzt wurde das Spiel auf unbestimmte Zeit verschoben, und das schon seit fast einer Stunde.«

»Im Ernst? Alles nur wegen eines Flitzers?«

»Das Problem war, dass er nicht allein gewesen ist. Doch von den Nackten, die auf dem Spielfeld ausgeschwärmt sind, haben sie nur ihn erwischt. Insgesamt waren es siebenundzwanzig. Das reinste Chaos.«

Als Agnes sich die Szene vorzustellen versucht, muss sie grinsen.

»Jetzt ist überall Polizei. Niemand weiß, ob oder wann das Spiel fortgesetzt wird. Es ist allerdings kaum anzunehmen, dass sie an diesem Punkt noch einen Abbruch riskieren, weil sie Angst vor den Unruhen haben, die das auslösen könnte.«

»Moment mal, Schatz. Hab ich das richtig verstanden? Ich stecke gedanklich immer noch in meiner Magisterarbeit. Hast du gerade gesagt, da waren siebenundzwanzig Flitzer? Wie kann denn so was passieren?«

»Das weiß keiner, schätze ich. Es muss geplant worden sein. Es ist kaum denkbar, dass siebenundzwanzig Einzelpersonen spontan beschlossen haben, dasselbe Spiel mit ihrem kranken Bedürfnis nach Aufmerksamkeit zu ruinieren.«

Agnes hört die Verärgerung in Benjamins Stimme und schweigt. Wie viele andere hat er dem Finale entgegengefiebert, was sie versteht und respektiert. Andererseits ist es nur ein Spiel. Sie hat noch nie zu denen gehört, die Sport besonders ernst nehmen.

»Oh, jetzt kommt gerade was im Fernsehen über eine komische Künstler- und Performancetruppe, die versucht haben könnte, etwas zu inszenieren, um auf ihre Kunst aufmerksam zu machen oder so ein Quatsch. Ein deutscher Zuschauer scheint eine der nackten Frauen erkannt zu haben.«

»Ich verstehe«, sagt sie. »War diese Aktion an sich schon ihr Kunstwerk?«

»Wie meinst du das?«

»Dass sie nackt aufs Spielfeld gelaufen sind. Das könnte eine Art Kunstperformance gewesen sein.«

Benjamin lacht. »Wer weiß? Könnte sein. Oder sie haben sich mit einem der Pressefotografen abgesprochen und erklären seine Fotos zu ihrem Kunstwerk. Aber ich glaube, es ging ihnen nur darum, weltweit ins Fernsehen zu kommen.«

»Ich vermisse dich.« Sie blickt aus dem Fenster. Die Sonne geht unter. »Hier ist keine Menschenseele. Bisher hatten wir drei Kunden.«

»Bis das Finale vorbei ist, werdet ihr auch nicht mehr viele dazubekommen. Sie nutzen die Verzögerungen, um Fotos von verschiedenen dänischen Städten zu zeigen. Alle Straßen sind wie leer gefegt, außer an großen Plätzen, wo das Finale auf Großleinwänden gezeigt wird. Bahnen und Busse fahren leer durch die Gegend. Selbst die Flughäfen wirken verlassen.«

»Das ist verrückt.«

»Das ist Nationalgeschichte, Frau.«

»Ist es nicht. Es ist Sport.«

SIE SIND ZURÜCKGEKOMMEN

»BELINDA! DU WIRST ES nicht glauben!« Agnes läuft in den Shop hinaus, um Belinda von den siebenundzwanzig Flitzern zu berichten, die beim Finale aufs Spielfeld gelaufen sind. Als sie Belindas Gesichtsausdruck sieht, hält sie jedoch abrupt inne. Belinda hat Angst. Sie strahlt die Furcht geradezu aus. Trotz ihres allzu braunen Teints wirkt sie bleich. Versteinert.

»Was?«, fragt Agnes mit einem beklommenen Gefühl in der Brust. »Was ist los?«

»Sie sind zurückgekommen.«

»Wer?«

»Die beiden Typen in dem alten BMW. Die mit der gefesselten Frau auf dem Rücksitz.«

Agnes geht zwecks besseren Ausblicks auf die Umgebung der Tankstelle ans Schaufenster. Zapfsäulen Eins bis Sechs. Alles verwaist wie zuvor. »Ich kann sie nicht sehen.«

»Sie haben ein Stück weiter oben an der Schnellstraße geparkt. Ich glaube, sie beobachten uns.«

Belinda zeigt mit dem Kopf in die entsprechende Richtung, aber Agnes muss erst zu ihr hinübergehen und sich neben sie stellen, um den weißen BMW sichten zu können. Oder *einen* weißen BMW. Das Abendrot zieht auf, und der Wagen steht so weit entfernt, dass sie nicht sicher erkennen kann, ob es derselbe ist.

»Es gibt viele BMWs auf der Welt«, sagt sie mit gedämpfter Stimme. Nein, sie flüstert. Sie weiß nicht, *warum* sie flüstert, doch sie tut es. »Es muss nicht derselbe Wagen sein.«

»Ein Scheinwerfer funktioniert nicht. Es ist derselbe Wagen.«

Agnes versucht, sich zu erinnern. War an dem BMW, den die beiden Spinner gefahren sind, ein Frontscheinwerfer kaputt? Sie kann sich nicht erinnern. Sie erinnert sich an die beiden jungen Männer, an den alten, rostigen BMW ... aber ob nun einer der Scheinwerfer kaputt war oder nicht ... das weiß sie nicht mehr.

»Sie sind es. Das spüre ich«, sagt Belinda mit fester Stimme, als würde das helfen.

Im selben Moment setzt sich der Wagen in Bewegung. In Richtung Tankstelle.

SO MERKWÜRDIG IST ES NICHT, DENSELBEN WEG WIEDER ZURÜCKZUFAHREN

»MIST!«, KEUCHT BELINDA. »Was machen wir jetzt? Was machen wir jetzt?«

»Ruhig bleiben«, erwidert Agnes, obwohl sie spürt, wie sich ihre eigenen Nackenmuskeln anspannen. »Es bringt nichts durchzudrehen.«

Der BMW hat die Schnellstraße verlassen und ist auf die Tankstelle abgebogen. Anstatt bis zu den Zapfsäulen vorzufahren, bleibt er jedoch bei der großen Tafel mit den Benzinpreisen stehen. Der Motor läuft noch, weißer Auspuffqualm weht über den Asphalt hinter dem Wagen. Es ist derselbe BMW. Er hat sich zwar von der hell beleuchteten Tankstellenüberdachung ferngehalten, wird aber vom schwachen Schein der Preistafel erfasst. Jeder Zweifel ist ausgeschlossen. Es ist derselbe Wagen.

»Ich war mal bei einem Raubüberfall dabei«, flüstert Belinda. »Damals habe ich bei der großen Shell-Station auf der anderen Seite der Stadt gearbeitet. Es waren zwei

Junkies. Die haben auch erst ziemlich lange in der Nähe der Tankstelle geparkt, bevor sie reingekommen sind und uns überfallen haben. Sie hatten Teppichmesser dabei.«

Agnes reißt den Blick vom Auto los und richtet ihn auf Belindas Gesicht. »Was ist passiert?«

»Wir haben ihnen das Geld gegeben und dann, als sie weg waren, die Polizei gerufen. Einer von denen hat wie verrückt gezittert. Ich hatte mir sogar überlegt, ihn umzuhauen, ihm irgendwas Schweres überzuziehen, weißt du, aber das durften wir natürlich nicht. Es waren dieselben Regeln wie hier. Gib ihnen das Geld. Schließ die Tankstelle zu. Ruf die Polizei.«

»Ich habe solche Angst davor, ausgeraubt zu werden. Ich weiß nicht, wie ich mit so etwas fertig werden würde. Hinterher, meine ich. Das Trauma.«

Belinda wirft ihr einen strengen Blick zu. »Es wird dir früher oder später passieren, wenn du an Orten wie dem hier arbeitest.«

Der Wagen steht noch immer da draußen. Plötzlich kriecht Agnes die Kälte in die Knochen. »Wie bist du hinterher mit dem Schock umgegangen? Hast du eine Therapie gemacht?«

»Es ist ja eigentlich nichts passiert, weißt du. Für sowas hatte ich keinen Bedarf.«

»Machst du Witze? Von so einem Schock kann man eine posttraumatische Belastungsstörung bekommen. Du brauchst eine Therapie, um damit fertigzuwerden.«

Belinda zieht die Brauen hoch und richtet ihre Aufmerksamkeit wieder auf den BMW. »Kannst du sehen, was die da machen?«

Agnes kneift die Augen zusammen, trotzdem nimmt sie die beiden Kerle nur als unbewegliche Silhouetten hinter der Windschutzscheibe wahr. »Nein«, sagt sie.

»Was ist mit der Frau auf dem Rücksitz? Siehst du sie?«

»Wo?«

»Auf dem Rücksitz hinter dem Idioten, der den Wagen fährt.«

Agnes schüttelt den Kopf. »Vielleicht ist es ja nur die Kopfstütze …«

»Wie bitte?«

»Vielleicht sollten wir uns mal wieder beruhigen. Es könnte tausend Gründe geben, warum sie dahinten parken.«

»Ach? Welche denn?«

Agnes betrachtet ihre ausgelatschten All-Stars. »Ich weiß nicht. Vielleicht sind sie auf dem Heimweg. So merkwürdig ist es nicht, denselben Weg wieder zurückzufahren. Vielleicht zählen sie gerade ihr Kleingeld, um zu sehen, ob sie genug dabeihaben, um … keine Ahnung … was zu kaufen. Alles ist möglich. Wir sollten keine voreiligen Schlüsse ziehen. Lass uns einfach abwarten, was die vorhaben, okay?«

»Die sitzen da und beobachten uns. Wir stehen hier total im Rampenlicht. Ich wette, die konnten uns sogar schon sehen, als sie vorhin auf dem Hügel geparkt haben. Sie wissen, dass wir sie bemerkt haben. Sie wissen, dass wir Angst haben, und ich glaube, die stehen da drauf.«

»Belinda …«

»Weißt du, was ich glaube? Ich glaube, die haben mit

ihrer blöden Videokamera alle Tankstellen in der Gegend abgegrast und sich die wehrloseste rausgesucht. Das sind wir. Zwei Mädels allein in einer Tankstelle weitab vom Schuss, keine Nachbarn und kein gar nichts. Jetzt sind sie wieder da, und wir sind am Ar…«

»Hör auf!« Agnes packt Belinda am Arm. »Hör sofort damit auf! Oder wir drehen beide durch. Du fantasierst.«

»Was tue ich? Die haben eine Frau auf dem Rücksitz, deren Mund mit Isolierband verklebt ist.«

»Also, ich habe sie nicht gesehen, erinnerst du dich? Und selbst wenn es diese Frau gab, Herrgott, Belinda, dann würde das alles trotzdem keinen Sinn ergeben. Kannst du dir ein paar Tankstellenräuber vorstellen, die mit einer entführten Frau auf dem Rücksitz herumfahren und nach einem geeigneten Ort für einen Überfall suchen?«

Belinda reißt sich aus Agnes' Griff frei und macht einen Schritt von ihr weg. »Ich glaube eigentlich nicht, dass die vorhaben, uns zu überfallen, weißt du.«

Agnes verzieht was Gesicht. »Was sonst?«

»Ich glaube, die haben es auf uns abgesehen. Auf dich und mich. Das sind Psychos, Agnes, ich hab's dir doch gesagt.«

Agnes betrachtet die Zigarettenschachteln in den Regalen hinter dem Tresen und sucht nach einer passenden Erwiderung, als ihr schlagartig klar wird, dass Belinda von einer Therapie nach dem Raubüberfall sehr profitiert hätte. »Ich kann mich um sie kümmern, wenn du dich dann besser fühlst«, sagt sie schließlich. »Falls sie überhaupt kommen.« Sie dehnt ihren Rücken und tut erheblich selbstsicherer, als sie sich fühlt. Sie kehrt dem Schaufenster und dem dort draußen geparkten Wagen den Rücken zu. »Du kannst solange im Hinterzimmer bleiben, während ich mich um sie kümmere. Kein Problem.«

DER ATEM PFEIFT IHM IN DER KEHLE

ER STÖHNT WIEDER, als sie sein Gesicht untersucht und mit den Fingern seine gebrochene Nase betastet.

»Au«, japst er.

»Benjamin! Kannst du mich hören?« Sie legt die Hände auf seine Wangen und beugt sich dichter zu ihm. »Benjamin?« Sie spürt, wie seine Bartstoppeln über ihr Gesicht kratzen, aber sehen kann sie ihn in der absoluten Dunkelheit immer noch nicht.

»Agnes?« Seine Stimme ist nichts als ein heiseres Flüstern.

Sie fängt zu weinen an.

»Agnes«, wiederholt er, und jetzt spürt sie seine Hand, die nach ihr sucht, dann seinen Arm, den er ihr um den Rücken legt. Sein Atem pfeift ihm in der Kehle.

»Wo sind wir?«, flüstert er.

»Keine Ahnung.« Sein Arm rutscht von ihrem Rücken. »Der Kerl ist ein Verrückter. Er wird uns umbringen.«

Sie bleibt ihm nah, ein wenig beruhigt von seiner Körperwärme.

»Du musst dir mal mein … Bein ansehen«, flüstert er nach einer Weile. »Ich glaube, ich blute ziemlich heftig.«

»Wo?«

Er findet ihre Hand im Dunkeln, führt sie an seinen Oberschenkel und stöhnt vor Schmerz, als sie durch einen Riss in seiner Hose die Wunde berührt. Sie fühlt, wie das Blut rinnt. Der Hosenstoff im Umkreis der Wunde ist blutgetränkt.

»Was ist passiert?«, keucht sie, als ihr die Kälte des Kellerbodens in die Glieder kriecht. »Oh mein Gott, was hat er dir getan?«

ER HAT WAS IN DER HAND

BELINDA KOMMT JEDOCH NICHT mehr dazu, ins Hinterzimmer zu gehen, sofern sie das überhaupt vorhatte, denn im selben Moment schwingt die Fahrertür des BMW auf, und ein großer Mann steigt aus dem Wagen. Agnes sieht im Licht der Preistafel hinter dem Wagen nur seine Silhouette, aber seine Größe lässt keinen Zweifel zu. Es ist der Schüchterne, Oscar, der, der sie nicht gefilmt hat.

Neben ihr schnappt Belinda panisch nach Luft, als er sich dem Shop zuwendet und sofort den Eindruck vermittelt, als schaute er sie direkt an. Agnes bekommt auf beiden Armen eine Gänsehaut, aber sie will sich nicht so verrückt machen wie Belinda, deshalb lenkt sie ihren Blick vom großen Kerl zur Preistafel hinter ihm.

»Die Fünf ist runtergefallen«, sagt sie mit dünner Stimme.

»Was?«, schnappt Belinda neben ihr.

»Die Fünf am Preis von Bleifrei. Da steht 10,_3 Kronen pro Liter – nicht 10,53, wie es eigentlich heißen müsste.«

Belinda wimmert, als sich Oscar in Bewegung setzt. Er überquert den Asphalt, geht zwischen den Zapfsäulen hindurch und hält direkt auf den Shop zu. »Da kommt er«, sagt Belinda heiser.

»Ja.«

Er geht zügig, fast im Laufschritt, mit grimmiger Miene. Er hat was in der Hand.

BENJAMIN WIRD STARR VOR SCHMERZ

»WIR MÜSSEN DIE BLUTUNG STOPPEN«, sagt sie. »Trägst du einen Gürtel?« Doch sie weiß die Antwort bereits: Benjamin trägt fast nie einen Gürtel. Sie auch nicht.

»Nein«, stöhnt er.

Sie presst die Finger in die Wunde und versucht die Blutung zu stoppen. Doch sie spürt, dass immer noch Blut hervorquillt.

»Ob man das mit einer Hose abbinden kann? Wenn ich sie richtig fest um dein Bein schnüre?«

»Vielleicht.« Er schnappt nach Luft. »Ich weiß nicht, ob du da überhaupt rankommst. Die Wunde am Oberschenkel sitzt nicht tief genug, glaube ich.« Mit der anderen Hand versucht Agnes durch Betasten herauszufinden, wie tief genau die Stichverletzung an seinem Oberschenkel ansetzt. Sie muss die Hände wechseln, presst jetzt die Finger der linken Hand auf die Wunde, um ein gutes Gefühl für den Schenkel zu bekommen. Benjamin wird starr vor Schmerz, als sie die Hände wechselt, und sie widersteht dem Impuls, die Finger wegzuziehen. Sie findet es schrecklich, ihm Schmerzen zuzufügen, selbst wenn sie ihm damit das Leben zu retten versucht.

»Ich glaube, da könnte noch Platz für eine Kompresse sein. Wir müssen die Blutung stoppen, bevor ich nach einem Ausweg suchen kann.«

Er packt im Dunkel ihre freie Hand und hält sie fest. »Vielleicht wäre es besser, wenn du einfach …«

»Nein!« Sie verringert kurz den Druck auf seine Wunde, entwindet die andere Hand seinem Griff und zieht ihr T-Shirt aus. »Hier, kannst du das gegen deine Wunde drücken, während ich mir die Hose runterziehe?«

Sie fühlt, wie er das T-Shirt greift und an seinen Schenkel führt. Sie ist jetzt bis zur Taille nackt und beginnt vor Kälte zu zittern. Ihre Nippel werden hart. Sie rollt sich auf den Rücken und knöpft ihre Jeans auf. Der Zementboden scheuert an ihrem Rücken. Schmerz schießt durch ihren malträtierten Körper.

Gerade als sie mit dem Aufknöpfen der Jeans fertig ist, leuchtet gleißend das Licht auf. Sie schreit, bedeckt die Augen mit den Händen und rollt sich auf die Seite. Das Licht ist so hell und kontrastiert so stark mit der eine Sekunde zuvor herrschenden völligen Dunkelheit, dass es sich anfühlt, als würden sich Nadeln in ihre Augäpfel bohren.

Sonst spürt sie nichts. Sie hört nicht, wie Benjamin neben ihr vor Schmerzen schreit, hört auch die Schritte nicht, die näher kommen. Sie spürt nur den Schock des gleißenden Lichts.

Bis eine Hand ihr Haar packt und sie über den Zementboden schleift. Sie zappelt wie ein Fisch an Land, verloren in einem Feuerwerk von Schmerzen.

HEUTE NACHT WAREN NICHT VIELE KUNDEN DA

AGNES UND BELINDA TAUSCHEN einen Blick, als die Automatiktür zur Seite gleitet, um Oscar durchzulassen. Er hat seine Brieftasche in der Hand und zieht ein irritiertes Gesicht. Er schaut zwischen Agnes und Belinda hin und her.

»Stimmt was nicht bei euch?«, fragt er verwundert.

»Nein«, beeilt Agnes sich zu antworten. »Was kann ich für dich tun?«

»Wir waren heute Abend schon mal hier«, sagt er und kommt an den Tresen. »Wir haben ein paar Colas und etwas Benzin gekauft. Du hast uns bedient.«

»Ich erinnere mich. Deinen Freund mit der Videokamera vergisst man nicht so leicht.«

»Nein.« Er schüttelt den Kopf. »Da ist wahrhaftig was dran.«

»Was willst du?«, bellt Belinda. »Warum seid ihr zurückgekommen?«

Er blickt sie überrascht an und hebt beschwichtigend

beide Hände. »Nur die Ruhe! Ich habe heute Nacht irgendwo meine Kreditkarte verloren. Ich dachte, ich schaue mal kurz vorbei, um zu sehen, ob sie hier ist.«

Agnes kann spüren, wie sich ihre Nackenmuskulatur entspannt. »Deine Kreditkarte?« Belindas Fantasien über psychopathische Geisteskranke müssen stärker auf sie abgefärbt haben, als sie geglaubt hat.

»Tut mir leid«, sagt sie. »Wir haben keine verlorenen Kreditkarten gefunden.«

»Keine verlorenen Kreditkarten«, wiederholt Belinda mit Erleichterung in der Stimme. »Heute Nacht waren nicht viele Kunden da, und deshalb …«

»Außerdem«, erinnert sich Agnes plötzlich, »hast du bar bezahlt. Ich habe dir das Wechselgeld gegeben. Weißt du noch?«

»Könnte sein«, erwidert er und schüttelt den Kopf. »Tut mir leid. Ich wollte nicht … Ihr habt beide etwas … aufgeregt ausgesehen, als ich hereingekommen bin. Ich hoffe, ich habe nicht …«

»Nein, nein«, lacht Agnes. »Nein, nein, nein. Das hat nichts mit dir zu tun. Vergiss es einfach.«

»Okay, in Ordnung. Danke für die Hilfe. Dann rufe ich mal besser an und lasse die Kreditkarte sperren.« Er zuckt mit den Schultern und wendet sich zum Gehen.

»Hey«, wirft Belinda rasch ein. »Warte mal einen Moment.«

»Bitte?«

»Wer ist die Frau auf dem Rücksitz von eurem Auto?«

Agnes zuckt zusammen. »Belinda …!«

»Auf dem Rücksitz?«

»Ja. Als ihr vorhin hier wart, saß bei euch im Wagen

eine Frau auf dem Rücksitz. Sie hatte Klebeband über dem Mund.«

Er öffnete langsam den Mund und blickt von Belinda zu Agnes. Sein Kehlkopf zuckt, als versuche er, etwas herunterzuschlucken. »Oh je.« Er ist sichtlich verlegen. »Das war keine richtige Frau.«

Zu ihrer Überraschung sieht Agnes, dass er rot wird.

»Was zum Teufel soll das sonst gewesen sein?« Belinda tritt vor Agnes und schiebt sie beiseite. »Ich habe sie *gesehen!*«

»Es war eine Liebespuppe. Frederik, mein Freund draußen im Auto, der mit der Kamera …« Er sucht in Agnes Augen nach Unterstützung, findet sie nicht und errötet noch mehr. »Alexander, ein Freund von uns, wird heute dreißig. Er steht auf Sexspielchen, deshalb wollte Frederik ihn ein bisschen hochnehmen und ihm eine Liebespuppe in Handschellen schenken. Ihr offener Mund war mit Isolierband verklebt. Ich weiß, das ist reichlich abgedreht.« Er lacht entwaffnend. »Und dann war Alexander nicht mal zu Hause, als wir mit der Puppe und all dem Zeug bei ihm aufgetaucht sind. Deshalb mussten wir sie draußen vor seiner Haustür lassen.«

DAS WAREN EINFACH NUR SCHWACHKÖPFE

DIE RÜCKLICHTER DES WEISSEN BMW leuchten auf, als Oscar bei der Tankstellenausfahrt kurz auf die Bremse tritt. Dann fährt er mit quietschenden Reifen davon.

Im hell ausgeleuchteten Shop kommen Agnes und Belinda nicht mehr aus dem Lachen heraus. Ihre Augen tränen, als sie kurz Luft holen und wieder losprusten, wenn sich ihre Blicke begegnen. Die ganze Spannung, die sich im Laufe der Nacht zwischen ihnen aufgebaut hat, scheint Flügel zu bekommen und davonzufliegen.

»Eine Liebespuppe?« Belinda japst die Worte zwischen den Lachsalven heraus. »Eine dämliche Liebespuppe?«

Und sie lachen immer weiter.

»Ist lange her, dass ich so gelacht habe«, sagt Agnes, als die Ausgelassenheit schließlich abklingt. Sie wischt sich die Augen mit dem Ärmel ihres T-Shirts und schüttelt den Kopf.

»Bei mir auch«, erwidert Belinda ungläubig. »Du hattest recht. Das waren einfach nur Schwachköpfe.«

Agnes lacht wieder, doch anders als vorher. Es ist ein dezentes, trockenes Lachen. »Und du hattest auch recht. Da war eine Frau auf dem Rücksitz mit Klebeband vorm Mund.«

»Ja.«

»Deine Wimperntusche ist schon wieder hinüber.«

»Oh, Mist.« Belinda holt ihren Taschenspiegel heraus und fängt beim Anblick ihres eigenen Spiegelbilds wieder an zu lachen.

Agnes blickt hinaus in den ausgeleuchteten Bereich mit den Zapfsäulen direkt vorm Shop. Die Dunkelheit ringsum scheint schwärzer geworden zu sein. Drüben auf der Schnellstraße rast ein Lkw vorbei. Sie folgt ihm mit Blicken, dann kehrt sie dem Schaufenster ihren Rücken zu.

Belinda macht sich an ihre Wimperntusche. »Es ist unglaublich, wie schnell man sich selbst total verrückt machen kann«, sagt sie, ohne ihr Spiegelbild aus den Augen zu lassen. »Und manche Leute kriegen das überhaupt nicht mit. Irgendwann leben sie ihr Leben in Angst und Schrecken vor Bedrohungen, die es überhaupt nicht gibt, weißt du. Solche Leute tun mir echt leid. Aber ich glaube, die haben das gar nicht unter Kontrolle.«

Agnes fängt erneut an zu lachen, aber ein verwirrter, vielleicht sogar verletzter Seitenblick Belindas stoppt sie. »Ich muss an die Liebespuppe denken«, sagt Agnes und fühlt sich tief in ihrem Inneren sehr einsam.

Sie mustert die Reihen mit Cola im Kühlregal und denkt dabei an Benjamin – wie gern sie sich die Last dieses merkwürdigen Abends bei ihm von der Seele reden würde. Sie braucht ihn, braucht ihn, um in seinen starken Armen zu verschwinden, braucht seine Wärme und ein Glas vom dem kubanischen Rum, den er für besondere Gelegenheiten hinten im Schrank versteckt.

»Mist«, dringt Belindas Stimme durch ihre Gedanken und lässt das Bild von Benjamin und dem Glas Kuba-Rum verschwinden. »Mistmistmist!«

»Was ist?«

»Die Luftpumpe!«

Agnes dreht sich noch mal um und sieht zum hell erleuchteten Bereich hinüber. Und da steht sie wieder, die Luftpumpe, mittendrin. Es ist, als ob eine eiskalte Hand tief in sie hineingreift und an ihr Herz klopft.

»Vor einer Minute war die noch nicht da«, flüstert sie. »Das wäre mir aufgefallen.«

Belinda stellt sich neben sie. »Diese Liebespuppenspinner haben sie da bestimmt nicht hingestellt.«

Agnes schluckt und lässt den Blick über das verwaiste Tankstellengelände wandern.

DIE HELLE TANKSTELLEN-BELEUCHTUNG LÄSST DEN SONNENUNTERGANG NOCH DUNKLER ERSCHEINEN

BELINDA SUMMT DEN NEUESTEN SONG der dänischen Künstlerin *Medina* – etwas zu laut – und geht schnell zu den Zapfsäulenreihen hinaus, um die Luftpumpe zu holen. Sie hat sofort das Gefühl, jemand würde sie beobachten. Mitten in einer *Medina*-Strophe hält sie inne und blickt mit zusammengekniffenen Lidern in die Abenddämmerung rings um die Tankstelle. Es ist schwer, in der blauen Dunkelheit etwas anderes als die schwarzen Umrisse von Bäumen und fernen Bauernhäusern zu erkennen. Die helle Tankstellenbeleuchtung lässt den Sonnenuntergang noch dunkler erscheinen. Ein paarmal meint sie fast, eine Bewegung wahrgenommen zu haben. Aber wenn sie dann genauer hinschaut, war da gar nichts, oder nur die Bäume, die sich sanft im Wind wiegen. Ganz weit entfernt sieht sie Lichter in den Fenstern der wenigen abgelegenen Gehöfte.

Schließlich bückt sie sich und hebt die Luftpumpe hoch. Dabei zögert sie kurz, bevor sie wieder anfängt, das *Medina*-Stück zu summen und die Pumpe schließlich dorthin zurückbringt, wo sie hingehört. Die Tankstelle verfügt über zwei Luftpumpen. Jetzt hängen beide vom Doppelrohr herunter, das sie automatisch wieder mit Pressluft füllt. Es zischt und pfeift noch in den ersten Sekunden, bis die Luftpumpe nicht mehr hin und her schaukelt und endgültig ihren festen Platz über dem Ventil einnimmt. Die Geräusche sind ihr unheimlich, aber sie summt stur den *Medina*-Song weiter.

Sie hat immer noch dieses nervöse Gefühl, als ob sie jemand beobachtet. Es kriecht ihr unter die Haut, ihre Blicke zucken suchend durch die Dämmerung, und auf ihren Armen bildet sich Gänsehaut.

»Belinda!« Agnes steht zwei Schritte vor der Automatiktür und starrt sie an; die Augen sind aufgerissen, der Mund ist fest zusammengepresst. Ihr Blick hat etwas Flehendes, und ihre Lippen zittern. Sie stolpert zur Seite, die Arme verschränkt, als versuche sie, sich selbst zu beruhigen. »Komm schnell rein! Sofort! Es ist was passiert!«

DIE WAND IST AUS GASBETON

»SCHAU MAL!« AGNES DEUTET auf den Monitor, der die Bilder aller vier Tankstellenkameras bündelt. Das Bild in der oberen rechten Ecke zeigt das Innere der Autowaschanlage. Die Kamera hängt in einer Ecke hoch unterm Dach. Sie überträgt den Boden der Waschstraße, den Bereich, wo sich die Autowaschkunden und ihre Fahrzeuge befinden, wenn jemand die Anlage nutzt. Das tut gerade niemand, natürlich nicht. Die Waschanlage ist menschenleer. Man sieht das offene Tor, durch das man die Halle wieder verlässt, und drei riesige Bürsten, die herumwirbeln und die Wagen waschen, wenn alles in Betrieb ist. Zu erkennen ist auch die Außenwand gegenüber der Überwachungskamera. Die Wand ist aus Gasbeton. Man sieht die grobe Struktur der Gasbetonblöcke unter dem Putz und der weißen Farbschicht.

Das Kamerabild ist schwarz-weiß, deshalb ist es unmöglich, die Farbe der Wörter, die jemand an die Wand geschrieben hat, einzuschätzen. Trotzdem besteht für

Agnes kein Zweifel. Es ist rote Farbe. Niemand würde so etwas mit Grün oder Blau dorthin schmieren.

Belinda umklammert ihren Arm, so heftig, dass ihre Nägel sich in Agnes' Haut graben. Es tut weh, aber sie reißt sich nicht los. »Wir rufen die Polizei«, sagt sie in energischem Tonfall und bemüht sich, Blickkontakt mit Belinda herzustellen.

Belindas Augen jedoch sind wie gebannt auf den Monitor und die fünf Wörter gerichtet, die jemand auf die weiße Gasbetonwand gemalt hat. Pinsel und Farbeimer stehen noch auf dem Boden der Waschhalle.

Belindas Stimme ist dünn und brüchig, als sie die Wörter laut vorliest.

»Heute Nacht werdet ihr sterben!«

»Wir rufen die Polizei«, wiederholt Agnes und entzieht sich diesmal Belindas Griff.

»Heute Nacht werdet ihr sterben!«, liest Belinda nochmal, laut, ohne Grund. »Heute Nacht werdet ihr sterben!«

EIN FLAUSCHIGES MEER GRÜNER LOCKEN

SIE WINDET SICH VOR SCHMERZEN, schreit, als sie am Haar über den Zement geschleift wird, und versucht verzweifelt, sich zu befreien. Sie kratzt die Hand, die sie weiterzieht, zerrt daran, treibt die Nägel in die Haut. Doch alles ist vergebens. Die Hand ist gnadenlos.

Sie hat nur ein vages Gefühl, wie weit sie geschleift wird – drei, vier Meter vielleicht? Es genügt jedenfalls, dass der Zement ihre Haut an Hüften, Beinen und Füßen aufreißt.

Das Licht ist immer noch blendend weiß, als man sie aufzustehen zwingt und dann ihr Haar loslässt. Sie blinzelt, ihre Lider flattern, sie versucht, die Augen zu öffnen. Benommen sieht sie einen schwarzen Schatten nahen, dann trifft sie ein brutaler Hieb in den Magen, treibt ihr die Luft aus den Lungen. Sie sackt nach vorn, röchelt nach Luft.

Eine Hand legt sich auf ihre Stirn. Ein fester Stoß der Hand lässt sie rückwärts taumeln, in einen Stuhl. Und noch bevor sie wieder richtig atmen kann, wird sie an den Stuhl gefesselt.

Sie sitzt da, öffnet langsam die Augen, japst noch nach Luft, doch es tut nicht mehr so weh, und stellt fest, dass ihre Augen sich endlich an das helle Licht gewöhnt haben. Es blendet kaum noch.

Sie sieht weiße Wände, von denen hier und da der Putz bröckelt. Sie sieht die Matratze, auf der sie vor nicht mal einer Stunde zu sich kam. Sie sieht dunkle Flecken – getrocknetes Blut muss es sein – auf dem Boden, den Wänden und der Matratze. Aber das kann doch nicht möglich sein, nicht hier, nicht in Dänemark. Das hier ist eine Folterkammer. An den Wänden und überall sind Eisenschellen. Alles ist voller getrocknetem Blut. Das kann nicht sein. Nicht in Dänemark. Ausgeschlossen.

Sie sieht Benjamin, der auf dem Boden liegt und ihr T-Shirt auf die Wunde an seinem Oberschenkel presst. Sie hört ihn »Nein!« ächzen, sieht, wie er aufzustehen versucht und scheitert. Das verletzte Bein gehorcht nicht.

Dann versucht sie, sich umzudrehen und den Mann anzusehen, der hinter dem Stuhl steht. Doch die Seile um Arme und Beine sind zu stramm festgeschnürt. Ihre Hände sind hinten am Stuhl fixiert, die Beine an den Stuhlbeinen, deshalb kann sie sich keinen Zentimeter rühren. Aber er steht da noch, hinter ihr. Aus den Augenwinkeln nimmt sie die dunkle Gestalt wahr.

Ihn. Der Mann, der sie an den Haaren über den Zementboden geschleift hat, der sie in den Bauch geschlagen und an diesen Stuhl gefesselt hat. Der Mann, der Benjamin mit dem Messer am Oberschenkel verletzt haben muss. Er hat sie übel zusammengeschlagen, der

Mann, der sie beide gefangen genommen haben muss. Ihr Gedächtnis ist getrübt. Da waren der langweilige Abend in der Tankstelle, Belinda und das Finale; sie erinnert sich noch, was in der Autowaschstraße an der Wand geschrieben stand, an die Luftpumpe auf Wanderschaft, ihre Magisterarbeit, die Liebespuppe auf der Rückbank des BMW. Von dem, was hinterher geschah, ist auch ein bisschen hängen geblieben. Die Schläge, die Schmerzen, die Dunkelheit. Doch kein Gesicht. An Gesichter erinnert sie sich nicht.

»Wer sind Sie?« Ihr Mund ist trocken, die Lippen sind geschwollen, ihre Stimme klingt entsprechend heiser. »Wer sind Sie? Was haben wir Ihnen getan?«

Sie windet sich, müht sich, den Stuhl zu drehen. Er bewegt sich kaum. Sie erkennt eine weiß lackierte Eisentür, die aussieht, als entstamme sie dem Albtraum einer Gefängniszelle, über und über mit blutigen Handabdrücken bedeckt. Sie erkennt Kameras unter der Decke. Ein Spiegel nimmt den Großteil einer Wand ein. Sie sieht ihn und begreift schnell, dass es kein richtiger Spiegel ist, sondern ein halbtransparentes Fenster, durch das man nur von einer Seite blicken kann. Sie stellt sich den Mann vor, wie er hinter dem Glas sitzt und beobachtet, wie seine Opfer leiden.

Sie beginnt zu weinen. »Bitte, lassen Sie uns gehen! Wir haben Ihnen doch nichts getan. Bitte, bitte!« Doch in der Tiefe ihrer Seele weiß sie, dass es ihnen nichts nützen wird, um ihr Leben zu flehen. Sie sind nicht die ersten Opfer, die er in diesen Höllenkeller gebracht hat, und er wird nicht von ihnen ablassen.

Sie sieht, wie Benjamin sich auf den Bauch rollt. Er

versucht, sich nach vorne zu schieben. Das T-Shirt bleibt zurück, aus der Wunde strömt ungehindert Blut. Erst jetzt bemerkt sie die Blutlache unter ihm. So viel Blut. Er schleppt sich vorwärts und zieht eine hellrote Blutspur hinter sich her.

In diesem Moment gibt der Mann hinter ihr seine Position auf, geht um den Stuhl, baut sich vor ihr auf.

Er ist weiß gekleidet, wie die Männer im Schlachthaus mit ihren Overalls. Seine Kleidung ist von oben bis unten blutverschmiert.

Sein Gesicht ist hinter einer Clownsmaske verborgen. Nur, dass es kein normaler Clown ist, nicht wie die Zirkusclowns. Es ist ein gestörter Clown, ein trauriger Clown. Das Gesicht der Maske ist völlig weiß, die Brauen dünn, geschwungene Bögen weit oben auf der Clownsstirn. Das Haar ist ein flauschiges Meer grüner Locken. Eine funkelnde Silberträne unter einem Auge vervollständigt das Bild des traurigen Clowns. Die blauen Augen jedoch, die hinter den Augenlöchern der Maske lauern, sind alles andere als traurig. Sie sind lebendig, erregt, durchtrieben und konzentriert.

Sie hat die Augen schon einmal gesehen, denkt sie, doch sie kann sie nicht zuordnen. Vielleicht behindert die Angst sie beim Denken?

Sie richtet den Blick auf Benjamin. Er liegt mit dem Gesicht nach unten auf dem Zementboden und keucht. In ihre Richtung zu kriechen hat er aufgegeben.

Der Clown senkt die Hand, betastet zögernd Agnes' nackte Brüste mit den Fingern.

»Nein«, fleht sie. »Bitte nicht.«

Der Clown sagt nichts. Sie sieht seine Augen, wie er

ihr auf die Brüste starrt, sie beide mit plumpen Händen drückt, quetscht, betastet, berührt. Neue Angst steigt in ihr auf, als er anfängt, leicht in ihre Nippel zu kneifen. Schweiß tropft ihre Flanken hinab. Sie windet sich. »Nein.«

Er fährt damit fort, ihre Nippel zu quetschen und zu kneifen, während ihr Tränen, Schweiß und Rotz vom Kinn tropfen. Auf seine Hände. Auf ihre Brüste. Er nimmt ihren linken Nippel, kneift ihn fest, quält sie, indem er ihn verdreht, seine Fingernägel graben sich in ihre Haut, sein Blick verändert sich jetzt, die Pupillen werden größer. In ihrem Dunkel funkelt Wollust.

Dann lässt er los.

Agnes stöhnt laut auf und sackt in die Stuhllehne zurück. Ihr Kopf rutscht nach vorn und spannt die Nackenmuskulatur. Dann bekommt sie nur noch mit, wie ihr ein schwerer Sack über den Kopf gestülpt wird. Danach ist wieder alles dunkel.

AUF DEM DISPLAY DIE NOTRUFNUMMER 911

IHR BEIDE STERBT HEUTE NACHT! Die Buchstaben *sind* rot, wie Agnes es bereits richtig vermutete. Fette Großbuchstaben bis auf das einzelne r. Ein kalter Wind fegt durch die Tore der Waschanlage. Agnes zieht die Schultern hoch, um sich vor der Kälte zu schützen.

Belinda beißt sich auf die Lippe. Sie wirkt zugleich geschockt und nachdenklich.

Agnes hält immer noch ihr Handy in der Hand. Auf dem Display die Notrufnummer 911. Aber sie hat noch nicht angerufen. Die Dunkelheit draußen und die Drohung an der Wand der Waschanlage gefallen ihr gar nicht. Die Muskeln der Hand, mit der sie das Handy hält, schmerzen allmählich von der Anspannung. Sie versucht, sich ein wenig zu beruhigen. Aber es fällt ihr schwer.

Sie blickt zur Überwachungskamera hoch über ihnen. »Die Aufzeichnungen dieser Kamera werden zeigen, wer das getan hat«, sagt sie leise. Allerdings haben sie keinen

Zugriff auf die Festplatten, auf denen die Aufnahmen gespeichert werden. Die sind irgendwo weggeschlossen; sie weiß nicht mal, wo. »Ich rufe die Polizei an und dann Arni.«

Arni gehört die Tankstelle. Er ist der einzige Mensch, von dem sie mit Sicherheit weiß, dass er an die Aufzeichnungen herankommt. Er muss vorbeikommen. Er hat das System so eingerichtet, um Räuber oder Diebe davon abzuhalten, die Beweise ihrer Straftaten zu zerstören.

Belinda späht in die Dunkelheit draußen. »Ich habe das Gefühl, wir werden beobachtet.«

»Lass uns reingehen und die Po… Was? Was ist das?«

»Da draußen ist jemand. Bei den Plakatwänden.« Sie zeigt aus der Waschhalle hinaus, zu den beiden Plakatwänden links von der Tankstelle. Auf dem einen Plakat wird für eine Müslisorte geworben, die fast nur aus Schokolade besteht, auf dem anderen Plakat ein Film über Verbrechen in Schweden angekündigt. Zwischen den beiden Plakatwänden entdeckt sie eine Person.

»Ich sehe ihn«, flüstert Agnes, und das Herz schlägt ihr bis zum Hals. »Ich rufe jetzt sofort die Polizei. Das gefällt mir nicht.«

Belinda schweigt.

Agnes zögert, ihre Finger verharren über dem Anrufknopf auf dem Display.

»Was hat er da in der Hand?«

»Ein Handy. Er filmt uns.«

Agnes drückt auf den Anrufknopf, als sich der Kerl in Bewegung setzt und auf sie zukommt. Die Verbindung wird hergestellt, es klingelt einmal, dann reißt ihr Belinda das Handy aus der Hand und legt auf.

»Warum hast du das gemacht?« Agnes schießen Tränen in die Augen. Sie hat Angst. Der Kerl da draußen steuert immer noch auf sie zu, hält das Handy hoch und bemüht sich gar nicht erst, zu verbergen, dass er sie filmt.

»Es ist Christoffer«, sagt Belinda mit einem gequälten Gesichtsausdruck.

Agnes fällt der Unterkiefer herunter, als Furcht und Schrecken sowie das unbehagliche Gefühl, beobachtet zu werden, von ihr abfallen und heißer Zorn an ihre Stelle tritt. »Dein Freund? Mister Leute-Abklatschen?«

»Ist nicht meine Schuld, okay?«

»Habt ihr Schiss gekriegt, Mädels?«, ruft er und lacht.

Agnes sieht zu den Wörtern an der Wand. Das kleine n unter all den Großbuchstaben. »Du hast seine Handschrift erkannt. Darum hast du auch gesagt, ich soll die Polizei nicht anrufen, bevor wir nicht in der Waschhalle nachgesehen haben!«

Belinda antwortet nicht, sie hat die Waschanlage schon verlassen und hastet zu ihrem Freund.

ER BLEIBT EINIGE SEKUNDEN STEHEN

»BIST DU NICHT GANZ DICHT, oder was?«, schreit Belinda und zielt mit dem Zeigefinger auf ihn. Er filmt immer noch, lacht immer noch, versucht, unterbrochen von Lachsalven, etwas zu sagen. »Ihr dachtet … das war … echt!« Er richtet die Kamera auf Agnes, die mit zorniger Miene aus der Autowaschhalle kommt.

»Das da«, – Agnes deutet auf den Text an der Mauer –, »ist so was von überhaupt nicht witzig! Ich werde die Polizei rufen.« In der Hand, die nicht auf ihn zeigt, ist schon ihr Handy bereit. »Das lasse ich dir nicht einfach so durchgehen!«

Christoffer verkneift es sich, weiterzulachen. »Oh, komm mal wieder runter. Es ist nur ein Scherz. Du kannst doch wohl noch einen Scherz vertragen, oder?«

Sie starren ihn nur an. Agnes wählt die 112 auf dem Handy, ohne ihn aus den Augen zu lassen.

»Hör auf, uns zu filmen«, sagt Belinda und versucht, sich Christoffers Handy zu schnappen. »Sofort!«

Er nimmt das Handy herunter und stellt die Kamera ab. »Warte mal«, sagt er zu Agnes. »Bitte, nicht die Polizei anrufen. Ich kann das erklären.«

Sie sieht ihm stumm dabei zu, wie er schnell etwas ins Handy tippt.

»Was machst du da?« Belinda streckt den Arm vor, um ihm das Handy wegzuschnappen, aber er ist schneller als sie.

»Okay«, sagt er und lässt das Telefon in seine Tasche rutschen. »Ich bin so weit.«

Da stehen sie nun, zu dritt, im Licht unter dem Vordach der Tankstelle, und blicken einander an. Es liegt Ärger in der Luft. Er schaut auf seine ausgetretenen Schuhe und lässt die Schultern hängen.

»Es tut mir leid, okay? Ich dachte, wir können uns alle darüber totlachen. Aber, hey, da habe ich mich wohl geirrt ... anscheinend.«

»Im Moment weiß ich nicht, ob ich dich jemals wiedersehen will«, sagt Belinda.

»Und wer soll jetzt die Farbe von der Wand waschen?« Agnes weiß es selbst nicht und tritt näher zu Belinda.

»Kommt schon. Ich habe gesagt, dass es mir leidtut, oder? Außerdem war es eigentlich gar nicht meine eigene Idee.«

In der Ferne taucht ein Auto auf der Schnellstraße auf. Das bläuliche Scheinwerferlicht fegt über den Asphalt. Agnes folgt dem Wagen mit ihren Blicken. Es ist ein großes Auto. Der Motor macht ein tiefes, grollendes Geräusch. Vielleicht ist der schalldämpfende Auspufftopf kaputt. Ihr bleibt, bevor er vorbeifährt, gerade noch ein Augenblick Zeit, um zu hoffen, der Wagen möge an der Tankstelle haltmachen.

Belinda reckt sich. »Christoffer, ich habe momentan überhaupt keinen Bock auf dämliche Entschuldigungen. Warum verziehst du dich nicht einfach?«

»Irgend so ein Typ hat mir dafür einen Tausender geboten, okay? Ich habe dir doch gesagt, dass ich pleite bin. Ich habe ihm erst vor einer Minute mein Video geschickt, als du versucht hast, mir das Handy wegzunehmen. Meine Idee war es nicht. Ich dachte nur, wir haben hinterher ordentlich was zu lachen. Wie bei einem Streich oder so.«

Agnes steckt ihr Handy wieder hinten in die Hosentasche und wirft Belinda einen kurzen Blick zu. »Ich gehe jetzt rein. Es ist windig, und mir ist kalt.«

Belinda nickt, dann wendet sie sich Christoffer zu. »Ich will, dass du jetzt abhaust. Deine kleinen Geschichten will ich mir nicht mehr anhören, kapiert? Hau einfach ab.« Sie macht auf dem Absatz kehrt und folgt Agnes in den Shop.

Als sich die Automatiktür hinter ihnen schließt, wirkt Christoffer ein bisschen wie ein verängstigtes Schaf, das den Anschluss an seine Herde verloren hat. Er bleibt einige Sekunden stehen, dann macht er kehrt und geht zu den Plakatwänden zurück. Er verschwindet im Dunkel zwischen den beiden Tafeln, wo er erst wenige Augenblicke zuvor aufgetaucht ist. Kurz darauf wird die Abendstille vom Lärm des Motorrollers unterbrochen, als er auf die Schnellstraße abbiegt und stadteinwärts fährt.

»Wieso haben wir den Roller nicht gehört, als er hergekommen ist?«, wundert sich Agnes, die jetzt auf dem Tresen sitzt und seinem roten Rücklicht hinterhersieht, wie es sich von der Tankstelle entfernt. »Sein Roller ist ganz schön laut.«

»Vielleicht hat er ihn geschoben?« Belinda spielt mit den Bändern ihrer weißen Kapuzenjacke. «Ich weiß, wie sich das anhört, aber eigentlich ist er …«

»Durchgeknallt«, beendet Agnes ihren Satz, und plötzlich fangen beide zu lachen an.

Doch ihr Lachen erstirbt bald wieder und mündet in Schweigen.

»Glaubst du, es stimmt, was er gesagt hat? Dass ihn jemand dafür bezahlt hat, uns Angst zu machen?«

»Er hat so viel Blödsinn im Kopf.« Belinda scheint vor ihren Augen zu schrumpfen. Aus irgendeinem Grund zieht sie ihre Kapuze hoch und scheint sich darunter zu verkriechen. »Wer weiß? Es könnte stimmen. Das kann man bei ihm nie wissen. Ich glaube einfach, dass er sehr unsicher ist. Er hat Probleme mit seinem Selbstwertgefühl. Er will keinem was tun. Aber manchmal reitet ihn der Teufel, und er macht einfach irgendwas, ohne richtig über die Konsequenzen nachzudenken. Er glaubt, er kommt damit nicht klar. Hast du nicht gesehen, wie leid es ihm getan hat? Vielleicht war ich zu hart zu ihm. Ich weiß es nicht. Warum muss alles immer so kompliziert sein?«

Agnes sitzt auf dem Tresen, wippt mit den Füßen und betrachtete die menschenleere Tankstelle. »Ich wüsste gern, ob das Finale schon vorbei ist«, sagt sie leise.

DIE ERWARTUNG KOMMENDER SCHMERZEN

DER SACK LEGT SICH ENG um ihren Kopf. Sie kann nichts sehen. Kaum atmen. Sie schnappt nach Luft. Ihre Panik wächst. Das Herz schlägt wie verrückt. Die Seile schneiden in ihre Hand- und Fußgelenke. Die Rückenlehne des Stuhls schmerzt an ihren Schultern. Obwohl sie nichts sehen kann, reißt sie den Kopf herum, folgt den Geräuschen, die der Clown macht, wenn er sich bewegt.

Er umkreist langsam den Stuhl. Dann geht er zu Benjamin und fängt an, an ihm herumzufummeln. Benjamin bleibt still. Vielleicht ist er bewusstlos, vielleicht hat er zu viel Angst, etwas zu sagen, vielleicht hat er die Hoffnung aufgegeben, den Clown umzustimmen. Vielleicht ist er tot?

Unter dem Sack geht ihr die Luft aus. Sie kann nicht atmen, der Sack ist zu eng, ihr Körper zu verkrampft, die Panik, die sie empfindet, zu groß. Sie ist schweißgebadet, trotz der Kälte im Keller.

Sie hört, wie die Eisentür aufgeht, und dann das Rascheln mehrerer Personen, die in den Raum kommen. Sie unterhalten sich leise, kaum lauter als im Flüsterton. Sie versteht aber nicht mehr als einzelne Worte und Bruchstücke ihrer Unterhaltung. Ihre eigene Atmung macht zu viel Lärm unter dem Sack. Sie krächzt und japst nach Luft. Sie fühlt sich benommen.

Dann berührt eine nackte Hand ihre Haut. Der Clown ist es nicht, es ist eine kleine Hand, vielleicht von einer Frau. Sie versucht, sich der Hand zu entziehen, als sich eine andere, größere und männlichere um ihre linke Brust schließt.

Sie reden immer noch. Sie begreift, dass sie selbst der Gesprächsgegenstand ist, dennoch fangen ihre Ohren nur einzelne Wörter auf »... mit dänischen Mädchen besser ... illegale Huren ... Thai ... intensiv ... habe mich schon darauf gefreut ...« Es sind mehrere Stimmen, die sich vermischen, aber sie sprechen alle so leise, und die Situation ist so beängstigend, dass sie nicht in der Lage ist, festzustellen, wie viele Menschen sich im Raum befinden, oder ob es Männer oder Frauen sind, es gelingt ihr nicht einmal, eine Stimme von der anderen zu unterscheiden. Alles vermischt sich zu einem Strudel aus Panik und Schrecken.

Und der Erwartung kommender Schmerzen.

BELINDAS STIMME KLINGT SO DÜNN WIE SEIDENPAPIER

BELINDA BLEIBT ZÖGERND an der Tür stehen, während Agnes ihren Laptop in den Rucksack schiebt und ihre Zettel und Bücher einpackt.

»Wir können nicht einfach abhauen und nach Hause gehen. Wir arbeiten hier schließlich!«, erklärt Belinda.

»Ich werde Arni anrufen und ihm erzählen, was passiert ist. Er muss das verstehen. Ich kann hier nicht länger bleiben. Heute Nacht nicht. Sieh dir meine Hände an! Sie zittern.« Agnes streckt die Hände aus, damit Belinda sie sehen kann. »Ich weiß nicht, was du vorhast, aber ich gehe jetzt nach Hause.«

»Das war doch nur Christoffer. Es war nur ein Streich. Komm schon, Agnes!«

»Ich fand das nicht witzig.« Sie stellt den Rucksack auf den Tisch und stopft ihre Bücher und Unterlagen neben den Laptop. Danach lässt sie die Arme sinken und sieht zu Belinda. »Worauf willst du hinaus?«

»Es dauert keine zwei Stunden mehr, bis geschlossen

wird. Ich muss die Farbe von der Wand in der Waschhalle runterbekommen. Wenn Arni das sieht und herauskriegt, dass Christoffer es getan hat, verliere ich meinen Job. Der wird mich feuern, ohne eine Minute zu zögern.«

»Wird er nicht.«

Sie schnaubt. »Wie gut kennst du Arni?«

Agnes legt den Kopf schräg. Im Grunde kennt sie den Mann überhaupt nicht. Sie hat den Job erst seit ein paar Wochen. »Vielleicht reagiere ich auch zu heftig«, sagt sie. »Mir gefällt nur diese Geschichte nicht, dass jemand Christoffer Geld dafür gibt, uns Angst einzujagen. Wenn ich mir vorstelle, dass irgendwo einer sitzt und sich an Christoffers Handyvideo hochzieht, werde ich wahnsinnig.«

Belinda grinst. »Manchmal hat er so viel Unsinn im Kopf. Ich würde mir keine Gedanken machen. Wahrscheinlich war das alles sowieso gelogen.«

Agnes spürt, wie ihre Miene versteinert. Sie kann das Grinsen nicht erwidern, obwohl sie sich ernsthaft bemüht. Dann wendet sie sich ab und sieht aus dem Fenster. Das Fenster geht nach hinten raus, zur dunklen Rückseite der Tankstelle, und außer der Reflexion des Hinterzimmers in der Glasscheibe kann sie nichts erkennen. Sie nickt, schließt die Augen und versucht, ihre Gedanken und Gefühle zu sortieren. Sie hat Angst. Doch sie ist auch verärgert. Ärger ist eigentlich das vorherrschende Gefühl, stellt sie fest, als sie sich Zeit nimmt, ihren Gefühlen nachzuspüren. Und es ist Belinda, die diese Verärgerung in ihr ausgelöst hat. Die Drohung, die Christoffer an die Wand der Waschanlage geschrieben hat, hat sie zutiefst verunsichert, und sie kann das nicht einfach so abtun. Außerdem hat sie es so satt, sich ständig die Entschuldigungen anzuhören, die Belinda für ihn vorbringt! Dieser ganze Mist steht ihr bis Oberkante Unterkiefer. *Das war's, zack-bumm, vielen Dank, Belinda! Jetzt sieh allein zu, wie du deinen Hintern aus diesem Bockmist herauslavierst. Ich verschwinde von hier.*

Agnes füllt die Lungen, um ihre gesamte Wut mit einem Atemstoß rauszulassen. Sie glaubt nicht an Wut, sie hält nichts davon, impulsiv zu reagieren. Sie greift sich den Rucksack und sieht Belinda, die ihre Hände tief in den Taschen der Kapuzenjacke vergraben hat, ins Gesicht.

»Belinda«, sagt Agnes in ruhigem, aber distanziertem Tonfall. »Ich habe keine Lust, mir anzuhören, wie du ihn dauernd in Schutz nimmst. Ich habe wahnsinnige Angst gekriegt, okay?«

Belinda nickt. »Ich auch.«

Agnes sieht sie unverwandt an, spürt noch den Zorn in sich und das fremdartige und unwillkommene Bedürfnis, Belinda wehzutun.

»Wir können ja mal schauen, ob uns was einfällt, wie wir die Farbe von der Wand bekommen, wie wäre das?«

Es dauert einen Moment, bis Belinda den Sinn der Worte erfasst hat, doch als der Groschen gefallen ist, hellt sich ihre Miene auf. »Vielleicht ist die Farbe noch feucht? Wir müssen uns beeilen.«

Ein mattes Gefühl von Erleichterung macht sich breit, als der Zorn von Agnes weicht. Sie hat das Richtige getan, findet sie. Sie steht über ihrer Wut. Sie ist besser als das, das hat sie soeben unter Beweis gestellt. »Vielleicht brauchen wir auch nur die Waschstraße anzustellen?«

»Aber vorher sollten wir besser den Farbeimer wegnehmen.« Es klingt, als würde es Belinda aufmuntern. Der Spaß endet jedoch schlagartig, als sie hören, wie ein Wagen auf die Tankstelle fährt.

»Hoffentlich kreuzt jetzt nicht plötzlich Arni auf«, sagt Belinda und geht hinaus in den Shop.

Agnes folgt ihr, denkt: *Was für eine Nacht* und schüttelt den Kopf. In der nächsten Sekunde prallt sie gegen Belindas Rücken, weil diese abrupt stehen bleibt.

»Was ist denn?«

»Da ist kein Wagen.«

Agnes blickt über Belindas Schulter in den hell erleuchteten Bereich unter dem Tankstellenvordach. Nirgendwo ist ein Auto zu sehen.

»Du hast es doch auch gehört, oder?«, erkundigt sich Belinda.

»Natürlich habe ich das.« Sie geht an Belinda vorbei, um auf den Monitor mit den Livebildern der Videoüberwachung zu blicken. Kein Auto zu sehen, nirgends. Nicht in der Waschanlage, nicht bei den Zapfsäulen. »Vielleicht ist es auf die Rückseite gefahren?«

»Aber warum?« Belindas Stimme klingt so dünn wie Seidenpapier.

DU BIST DER STAR DES HEUTIGEN NACHTPROGRAMMS

DER SACK WIRD IHR vom Kopf gerissen. der Stoff kratzt über ihre Nase und die geschwollenen Lippen. Sofort danach schmerzt das helle Licht in ihren Augen. Sie wird wieder geblendet, aber nicht so schlimm wie beim letzten Mal.

Ein paar Sekunden vergehen, dann nimmt sie den dunklen Schatten des Clowns wahr, der sich vor ihr bewegt. Das Licht tut ihr immer noch in den Augen weh. Nach wenigen weiteren Sekunden erscheint der Clown in all seinem ganzen grässlichen Irrsinn. Das Blut an seinem weißen Schlachthaus-Overall. Die Maske des weinenden Clowns. Das grüne Haar.

Er ist allein. Die Eisentür hinter ihm ist geschlossen. Benjamin ist genau wie sie an einen Stuhl gefesselt. Über seinem Kopf ein schwarzer Sack aus dickem Stoff. Vorne auf den Sack ist ein gelber Smiley aufgedruckt. Von ihrem Platz aus kann sie nur einen Teil davon sehen. Dazu kommt jedoch, dass Benjamins Kopf auf seine

Brust herabgesunken ist. Sein Körper ist ganz schlaff. Immer noch strömt Blut aus der Wunde an seinem Oberschenkel und tropft von der Sitzfläche des Stuhls in eine Pfütze auf dem Zementboden. Er stirbt. Er benötigt einen Verband, jemand muss die Blutung stoppen, sonst verblutet er.

Der Clown macht vor dem Einwegspiegel eine tiefe Verbeugung, wendet sich dann nacheinander den drei Videokameras zu und markiert einen fröhlichen Gruß an jede von ihnen. Zwei der Kameras befinden sich an der Decke in den Raumecken, die letzte kann sie von dort, wo sie sitzt, nicht erkennen, doch der Richtung nach zu urteilen, in die der Clown grüßt, scheint sie sich irgendwo hinter ihrem Rücken zu befinden. Sie hört ein leises Surren von einer der Kameras, als würde sie in ihr Gesicht zoomen. Sie fühlt sich nackt, ihr ist sehr kalt, und sie hat furchtbare Angst.

Der Clown berührt sanft ihr Kinn und hebt behutsam ihren Kopf an, sodass sie direkt in die Kamera blickt.

»Wie heißt du?«, fragt er.

Sie bewegt den Kopf und versucht, seine Hand abzuschütteln.

»Sag uns deinen Namen, Agnes.«

Diese Stimme. Genau wie die Augen. Sie kennt sie von irgendwoher.

»Wie ist dein Name?«

»Ag… Agnes Birkemose.«

»Bitte, Agnes, würdest du so freundlich sein und uns etwas über dich erzählen?«

Schrecken erfüllt ihren Körper und ihren Geist, ihr Mund ist trocken. Sie schüttelt den Kopf. »Bitte lassen

Sie uns gehen. Benjamin blutet so schlimm, er muss ins Krankenhaus. Bitte.«

»Erzähl uns was von dir! Wie alt bist du?« Er verstärkt den Griff um ihr Kinn, während er mit der anderen Hand in seine Tasche fasst. »Wie alt bist du?«

»Sechsundzwanzig.«

»Wo arbeitest du?«

»In der Tankstelle.«

»Der junge Mann, der in dem anderen Stuhl sitzt, das ist dein Freund. Korrekt?

Er drückt ihren Kopf zur Seite, damit sie einen kurzen Blick auf Benjamin werfen kann, reißt ihn aber sofort wieder zurück. Jetzt hält er ein seltsames Werkzeug in der Hand. Er hebt es hoch, damit sie es ansehen kann. »Weißt du, was das ist?«

Sie schüttelt den Kopf. »Eine … Zange?«

»Das ist eine Blechschere.«

Sie zermartert sich das Hirn, sucht nach einer Möglichkeit, aus dem Stuhl herauszukommen, doch es ist hoffnungslos. Wer sie gefesselt hat, versteht sein Handwerk. Sie zittert und bricht in Tränen aus, als er die Schere öffnet und über ihre Brüste gleiten lässt. Er nimmt einen Nippel zwischen die beiden Schneiden und drückt die Griffe gerade eben so weit zusammen, dass sie in ihr Fleisch drücken, ohne ihre Haut zu durchtrennen. Sie versteift sich, versucht, sich herauszuziehen, doch es gelingt ihr natürlich nicht. Ihre Haut glänzt von einer Mischung aus Schweiß und Schmutz.

»Du bist der Star des heutigen Nachtprogramms, meine Schöne. Es ist eine traurige Show, eine Tragödie, voller Schmerz und Leidenschaft. Es ist ein dunkler, ein finsterer Zirkus, dem du jetzt angehörst, aber heute Nacht bist du der Star. Jetzt begrüße dein Publikum.« Er dreht ihren Kopf in Richtung Einwegspiegel. »Du kannst sie nicht sehen, aber sie sehen dich. Begrüße sie.«

Sie zittert so heftig und ist so verängstigt, dass ihr die Worte nicht einfallen. Nichts als unzusammenhängende Laute kommen über ihre geschwollenen Lippen.

Der Clown drückt die Griffe der Blechschere leicht zusammen, was die Klingen noch tiefer in ihren Nippel hineindrückt und einen brennenden Schmerz durch ihren Körper jagt.

Sie schreit.

»Begrüße sie«, wiederholt er mit heiserer Stimme.

»Ha… hallo«, wimmert sie.

»Sage dem Publikum, wie sehr und aufrichtig du hoffst, dass sie deinen Tod genießen werden.«

»Nein, nein! Das dürfen Sie nicht. Ich habe nicht …«

Die Schere dringt tiefer ein. »Sag es!«

Sie weint jetzt hemmungslos, schluchzt laut, als sie die Worte ausspricht: »Ich … hoffe … Sie werden … meinen Tod … genießen.«

»Das ist mein großes tapferes Mädchen«, flüstert der Clown in freudigem Ton. Er nimmt die Schere von ihrer Brust und dreht sich zum Einwegspiegel. »Die Show möge beginnen!«, ruft er triumphierend.

WIE DISASTER DATE AUF MTV

»WARUM SOLLTE JEMAND hinter eine Tankstelle fahren? Warum?« Belinda überschlägt sich fast vor Aufregung, doch ihre Stimme ist weiterhin kaum mehr als ein Flüstern.

»Woher soll ich das wissen?« Agnes starrt auf die Hintertür, während sie ihr Handy hervorholt. »Wo könnte er denn noch hingefahren sein? Sag du's mir. Hast du irgendein Licht vom Wagen gesehen?«

»Nein.« Belindas Blick gleitet vom Handy in Agnes' Hand zur Hintertür.

»Du rufst doch jetzt nicht die Polizei an, oder?«

»Ich rufe Benjamin an. Ich habe auch kein Scheinwerferlicht gesehen. Aber wir haben beide den Wagen auf die Tankstelle abbiegen hören. Und wir haben den Motor gehört. Daraus lässt sich nur eins schließen. Jemand muss schon vorm Abbiegen die Scheinwerfer ausgeschaltet und dann den Motor abgestellt haben, als der Wagen hinten vorbeigerollt ist. Ich rufe jetzt Benjamin an und sage ihm, dass er augenblicklich herkommen und mich abholen soll. Du kannst mitkommen, wenn du willst.«

»Aber warum sollte jemand mit ausgeschaltetem Licht hinter der Tankstelle durchfahren?«

»Warum sollte jemand deinen Freund dafür bezahlen, uns dermaßen zu erschrecken?«

Belinda schluckt gegen einen Kloß im Hals an, dann dreht sie sich um und blickt in den grell ausgeleuchteten Bereich. »Jemand hat schon wieder die Luftpumpe versetzt. Siehst du das?«

»Klar wurde sie versetzt.« Agnes ruft Benjamin an und schaut nicht mal flüchtig zur Luftpumpe hinüber. »Die spielen eben gern Spielchen.«

»Die?«

»Bestimmt. Einer allein kann das gar nicht alles schaffen.« Das Handy piept an ihrem Ohr. Benjamin geht nicht ans Telefon. »Wenn du jetzt nicht drangehst, weil das Finale noch läuft …«, zischt Agnes mit zusammengebissenen Zähnen, als sich der Anrufbeantworter einschaltet.

»Hallo, hier spricht Benjamin. Ich habe garantiert mein Telefon irgendwo verlegt. Hinterlassen Sie eine Nachricht nach dem Signalton, dann rufe ich zurück, sobald ich es wieder finde.«

»Benjamin, ich bin's. Ich möchte, dass du sofort zur Tankstelle kommst und mich abholst. Hier geht irgendetwas vor sich … ich weiß nicht … ich habe Angst … beeil dich.« Dann legt sie auf und steckt das Telefon ein.

»Als die Luftpumpe zum ersten Mal dort stand, habe ich noch gedacht, das riecht nach Versteckte Kamera …«

Belinda wirft ihr einen Blick zu, in ihren Augen funkelt eine leise Hoffnung. »Glaubst du …?«

»Nein.«

»Wie Disaster Date auf MTV oder …?«

»Das alles ist extrem unheimlich. Ich habe solche Angst, Belinda. Und Versteckte Kamera soll doch lustig sein, oder?«

»Vielleicht wird es ja erst hinterher lustig?«

Belindas Unterlippe beginnt zu zittern, ihre Hände auch, und in ihren Augen steht die Angst, als beide das unverkennbare Geräusch einer Autotür hören, die hinter der Tankstelle geöffnet wird.

PLÖTZLICH KANN SIE WIEDER ATMEN

»NICHT WEINEN, AGNES«, sagt der Clown. »Das ist doch alles nur Showgeschäft.« Er nimmt die Blechschere in die andere Hand. »Ich verspreche dir, dass ich dich nicht umbringe, okay?«

Agnes ist im Stuhl so weit zusammengesackt, wie es die Seile zulassen. Schweiß und Rotz tropfen von ihrem Kinn. Sie dreht den Kopf ein winziges Stück weit, sieht zum Clown hoch und versucht, in seinen Augen hinter der Maske zu lesen.

»Ich verspreche es«, wiederholt er. »Ich werde dich nicht umbringen – und auch sonst niemand. Bevor du uns nicht darum bittest.«

Er lacht. Es ist ein albernes, schleimiges, fast schüchternes Lachen. Er klingt ein bisschen wie ein Teenager, der es darauf angelegt hat, einer Frau an die Wäsche zu gehen.

Der Clown wendet ihr den Rücken zu und tänzelt mit kleinen elastischen Schritten zu Benjamin hinüber, der immer noch wirkt, als sei er bewusstlos.

»Nein!«, keucht Agnes. »Nicht! Lassen Sie ihn in Ruhe.«

Der Clown reißt Benjamin den Sack mit dem Smiley vom Kopf, öffnet die Schere und hält sie Benjamin unter die Nase.

Das plötzliche und totale Grauen der Situation lässt Agnes erstarren, raubt ihr den Atem, lähmt sie gänzlich. Alles scheint einzufrieren. Ihre Lippen formen ein stummes *Nein,* aber sie hat keine Luft mehr, um es auszusprechen.

Andererseits gibt es eine Menge Lärm, als der Clown die Schere schließt und Benjamin zum Leben erwacht. Er heult vor Schmerz und bäumt sich auf, aber es gelingt ihm nicht, sich aus den Seilen zu befreien. Der Clown benutzt die Schere wieder und wieder. Benjamins Heulen hört nicht mehr auf.

Agnes kann Benjamin nicht sehen, weil ihr der Clown jetzt die Sicht versperrt, doch sie kann ihn hören, und auch das Schnappgeräusch der Schere.

Und plötzlich kann sie wieder atmen. Sie schreit, brüllt, spuckt, droht, bettelt, weint. Sie weiß nicht mehr, ob ihre Worte Sinn ergeben, weiß nicht, ob sie noch bei Verstand ist, sie verliert jegliche Kontrolle in diesem Wahnsinn, diesem Schrecken, diesem Blutgestank.

Sie sieht, wie ein Finger auf den schmutzigen Boden fällt, und kann den Blick nicht davon losreißen. Dieser Finger hat sie berührt, hat sie liebkost, sie hat ihn geküsst, hineingebissen, ihn gehalten. Es war einmal Benjamins Finger.

Sie hört zu schreien auf und lässt die Schultern sinken. Ihre Brust bewegt sich mit dem Atem, der durch ihre wunde Kehle zischt, ihre Augen sind tränenüberströmt, trotzdem sieht sie den Finger. Er liegt auf der Seite, sie kann den Nagel deutlich erkennen. Sie lässt den Finger nicht mehr aus den Augen. Sie kann nicht, will nicht, wagt es nicht und darf den Blick nicht von dem Finger lösen. Es gibt nur noch den Finger. Der Finger ist die ganze Welt. Sonst geschieht nichts. Sie kann nicht zulassen, dass es geschieht, kann es nicht hinnehmen. Das geschieht nicht ihr. Es ist auch nicht ihr Freund, nicht ihr geliebter Benjamin, der mit einer Blechschere zerschnitten wird. Es ist nicht sein Blut, das unter dem Stuhl eine Lache bildet. Das hat mit ihr nichts zu tun. Sie sperrt es aus, macht dicht, lässt es nicht an sich heran.

Der Clown ist jetzt in seinem Element. Er beginnt sogar, eine fröhliche Melodie zu pfeifen, während er schneidet. An seiner Hand strömt Blut herunter, macht die Handschuhe glitschig. Ein paarmal rutscht ihm die Schere fast aus der Hand, doch von solchen Kleinigkeiten lässt er sich nicht aufhalten. Er ist ein Künstler, der kurz vor der Vollendung seines Werks steht. Benjamin ist verstummt. Tot. Aber das stoppt den Clown nicht. Er ist wie besessen, der Blutrausch hat ihn gepackt.

Unterdessen zoomen die drei Kameras mit gierigem Surren näher heran. Zwei von ihnen zielen Agnes mitten ins Gesicht.

ICH KAM MIR HINTERM TRESEN VOR WIE IN DER FALLE

KURZ DARAUF WIRD DIE WAGENTÜR zugeschlagen, dann hört man von hinten Geschrei und Tumult.

»Was passiert da?«, flüstert Belinda.

Agnes bückt sich und holt den Feuerlöscher aus dem Regal unter dem Tresen. Sie hebt ihn an, schätzt sein Gewicht ab. Belinda erhält von ihr nur ein Achselzucken zur Antwort. Sie springt auf den Tresen und lässt sich auf der anderen Seite wieder zu Boden gleiten.

»Wo willst du hin?« Belinda löst nur zögernd den Blick von der Hintertür, um ihn auf Agnes zu richten.

»Ich kam mir hinterm Tresen vor wie in der Falle«, sagt Agnes und behält den hell erleuchteten Bereich rings um die Zapfsäulenreihen im Auge. Die Luftpumpe steht immer noch mitten im Weg. Sie sieht Licht, draußen auf der Schnellstraße. Es bewegt sich in ihre Richtung. Ein einzelner Scheinwerfer. Sie erinnert sich an die beiden Spinner mit der Liebespuppe und der Kamera, die den BMW mit dem kaputten Frontscheinwerfer gefahren haben, doch es könnte auch jemand anders sein. Das spielt keine Rolle. Hauptsache, sie machen an der Tankstelle halt.

Der Tumult hinten hat aufgehört. Jetzt ist wieder alles still.

»Hast du eine Waffe?«, fragt Agnes.

Belinda wirft ihr aus schmalen Augen einen langen, stummen Blick zu. Sie beißt sich fest auf die Unterlippe, bis diese trotz der dicken Lipgloss-Schicht ganz weiß wird. Sie nickt und hebt einen schweren Schraubenschlüssel. »Aus dem Kasten mit den Fundsachen«, flüstert sie.

Agnes nickt. Warum zur Hölle ist sie nicht selbst auf die Idee gekommen, in der Kiste nach einer Waffe zu suchen? Sie ist voller Dinge, die Kunden beim Verlassen der Tankstelle vergessen haben. Tankdeckel in allen Größen, Handys, Sonnenbrillen und anderes Zeug verschiedenster Art. Die Leute vergessen die seltsamsten Dinge.

»Du behältst die Hintertür im Auge, okay? Ich nehme die hier.«

Ein schnelles Nicken.

Da springt plötzlich die Hintertür auf, und Christoffer stolpert herein. Die Haare sind zerzaust und kleben verschwitzt am Kopf. Sein Blick ist wild, aufgeregt, verängstigt. Er taumelt, stützt sich an der Wand ab. Zeitschriften, Zeitungen und Süßigkeiten verteilen sich auf dem Boden. Er sackt auf die Knie, ringt japsend nach Luft.

Erst jetzt sieht Agnes das Blut, und als sie es sieht, kann sie überhaupt nicht begreifen, weshalb sie es nicht schon vorher bemerkt hat, schließlich ist die gesamte Vorderseite seines Hemds davon durchtränkt.

»Lauft!«, stößt er hervor und sinkt zu Boden. »Lauft um euer Leben.«

SIE VERLIERT KURZ DAS GLEICHGEWICHT

»CHRISTOFFER!« BELINDA LÄSST den Schraubenschlüssel los und fällt neben Christoffer auf die Knie. Er stammelt unverständliche Wörter und hält sich den Bauch, wo Blut den Stoff rot gefärbt hat. »Sag was, Christoffer! Ich bin hier. Ich bin doch hier.«

Agnes kann den Blick nicht von der weit geöffneten Hintertür und der Dunkelheit dahinter lösen. Sie bewegt sich rückwärts von der Stelle weg, an der Belinda über Christoffer kauert. Dabei stolpert sie rückwärts in die Regale mit den Kartoffelchips. Sie verliert kurz das Gleichgewicht, als ringsum die Chipstüten zu Boden fallen. Das ganze Regal gibt nach, kracht zu Boden und reißt sie mit, es schlägt auf die Kühltruhe und gegen den Postkartenständer, der ebenfalls umstürzt. Dabei werden die Postkarten in der Gegend herumgeschleudert. Sie rollt sich auf Hände und Knie, fängt sofort an, sich zu bewegen, taumelt durch die Automatiktür, der Puls hämmert in ihren Ohren, da sieht sie vor sich den gleißenden Strahl des Frontscheinwerfers eines Motorrads mit Beiwagen.

Benjamin!

Sie rennt zu ihm, wirft sich in seine Arme, noch bevor er den Motor ausschaltet. Er lacht, versucht, eine Hand freizubekommen, um den Helm abzunehmen. »Oh, du hast es schon gehört, Baby. Wir haben gewonnen! Wir haben das Finale gewonnen!« Er lacht, küsst sie fest auf den Mund, hört aber abrupt damit auf, als er spürt, dass sie den Kuss nicht erwidert.

»Was hast du?«, fragt er.

WIE EIN VOGEL, DER DIE FLÜGEL SPREIZT

SPÄTER. ZEIT IST BEDEUTUNGSLOS geworden. Jedenfalls später. Es ist später. Benjamins Leiche wurde weggeschafft. Viel Zeit ist verstrichen, bevor man sie wegbrachte. Jedenfalls fühlte es sich so an, als sei viel Zeit vergangen. Seine toten Augen starrten sie an; das Leben war aus ihnen gewichen, und trotzdem starrten sie sie unverwandt an. Eine gefühlte Ewigkeit lang. Leise sirrend zoomten die Kameras sie heran und wieder zurück, drehten sich in den Scharnieren.

Die Angst vor Schmerzen ließ jede ihrer Körperzellen erwartungsvoll zittern. Der Terror vergrößerte sich jedes Mal, wenn sie Schritte vor der Tür hörte und ihr Blick wieder Benjamins Leichnam streifte oder seine Körperteile, die auf dem Boden herumlagen.

Sein Blick. Die toten Augen, die sie anstarrten.

Schließlich kam der Clown zurück. Er löste die Seile, die Benjamins Leichnam noch am Stuhl hielten, stieß den Körper zu Boden, packte ihn am Bein und schleifte ihn hinaus.

Agnes sah zu. Stumm und versteinert.

Benjamins Leiche hinterließ eine leuchtend rote Blutspur auf dem Zementboden. Die Finger beider Hände fehlten, sein Bauch war zerfetzt, seine Nase, die Ohren und der Mund in Stücke geschnitten. Als der Clown den Körper hinter sich her schleifte, rutschten Benjamins Arme an die Seiten und über seinen Kopf; wie ein Vogel, der die Flügel spreizt.

Sie sah, wie er durch die Eisentür in einen schwach beleuchteten Flur gezogen wurde. Sie sah die schmutzigen weißen Wände, den rauen Zementboden mit Abflusslöchern, sie sah eine nackte Glühbirne, die von einem Kabel in der Decke hing, sie sah die Staubschicht auf der Fassung und der Glühbirne selbst. Dann knallte die Tür zu.

Jetzt ist sie allein. Sie bemüht sich sehr, nicht nach den Teilen ihres Geliebten zu sehen, die in den Blutlachen auf dem Boden liegen geblieben sind. Die Kameras zeichnen alles geschäftig auf, zoomen heran, gierig, beflissen, leidenschaftlich. Agnes fühlt sich leer. Sie fühlt sich abgehängt, in einer Wirklichkeit verloren, die nicht real sein kann.

Dann geht die Tür auf, und der Clown kehrt zurück. Er hat eine Schaufel und einen schwarzen Plastiksack dabei. Die Schaufel lehnt er an die Wand, dann öffnet er den Sack und rollt die Seiten herunter, damit er offen auf dem Boden stehen bleibt. Es folgt eine kurze Tanzeinlage. Er bewegt sich zur Schaufel zurück und nimmt sie Fred-Astaire-mäßig zur Hand, kratzt die Körperteile und sonstige Überreste von Benjamin zu einem Häufchen zusammen und schaufelt sie schließlich in den Sack. Als er damit fertig ist, verschließt er ihn und stellt ihn neben die Eisentür. Dann schabt er die Blutlachen und andere Körperflüssigkeiten durch einen Abfluss im Zementboden. Er ist gründlich, doch etwas Blut ist bereits in den Zementboden eingesickert und lässt sich nicht mehr entfernen.

Der Clown verlässt den Raum. Agnes bleibt allein und ohne jedes Zeitgefühl zurück. Sie starrt an die Wand und sieht nichts.

Und sie wartet.

Wartet.

Will nicht.

Weiß es nicht.

Sie wartet.

Bis die Tür wieder aufgerissen wird und der Clown hereinkommt. Er zerrt eine halbnackte, übel misshandelte Frau in den Raum und wirft sie auf die Matratze. Der Körper der Frau ist mit getrocknetem Blut besudelt. Ihr Haar ist lang, gebleicht und zerzaust, die Brüste groß und etwas schlaff. Zuerst erkennt Agnes sie nicht, dann lacht der Clown: »Ich schätze mal, ihr zwei kennt euch, was?«

Es ist Belinda.

ES IST MEINE PFLICHT ZU HELFEN

»WIR MÜSSEN WEG«, schreit Agnes und entzieht sich Benjamins Umarmung. »Da ist ein Mörder! Ein Wahnsinniger!«

Benjamin staunt und kichert. »Was ist los, Baby? Machst du Witze?«

»Nein! Christoffer hat eine Stichwunde. Er liegt im Shop. Es ist alles voller Blut.«

»Wer ist Christoffer?« Er lässt den Helm in den Seitenwagen fallen und blickt sich gleichzeitig in alle Richtungen um. »Hier ist niemand.«

Agnes schüttelt wie wild den Kopf und deutet zum Shop. »Auf der Rückseite des Ladens steht ein Auto. Ich weiß nicht, wer es gefahren hat. Christoffer ist Belindas Freund. Er liegt im Laden.«

»Wo ist der Kerl, der ihn abgestochen hat?«

»Ich weiß es nicht. Vielleicht hinten. Ich … aber … nein, bleib hier! Geh da nicht rein.«

»Ich bin Arzt, Agnes. Es ist meine Pflicht zu helfen,

wenn jemand verletzt ist.« Er nimmt ihre Hand und zieht sie hinter sich her. »Komm schon. Wir können ihn doch nicht dort liegen lassen, oder?«

»Aber … du verstehst nicht. Wir müssen hier weg. Wir sind hier nicht sicher.«

»Agnes.« Er wirft ihr einen leicht entnervten Blick zu und zieht wieder an ihrer Hand. »Komm schon.«

Sie entwindet ihre Hand seinem Griff. »Nein.«

Er zuckt mit den Schultern und hebt belustigt die Hand. »Ich bin gleich wieder da«, sagt er zärtlich und läuft zum Shop.

»Benjamin!«, ruft sie ihm noch nach, doch da schließt sich bereits die Automatiktür hinter ihm.

Erst jetzt bemerkt sie, dass sie den Feuerlöscher bei ihrer Flucht aus dem Shop verloren hat.

Ringsumher, außerhalb der hell erleuchteten Zone bei den Zapfsäulen, scheint die Dunkelheit auf sie zu lauern.

ALLES IN ORDNUNG, ICH BIN ARZT

ALS BENJAMIN DEN SHOP BETRITT, erwartet ihn totales Chaos. Umgestoßene Regale, überall liegen Chipstüten und Postkarten auf dem Boden herum. Drüben am Tresen bei der Hintertür ist eine sehr junge, sehr verängstigte Frau, die zu ihm herübersieht. Ihre Wimperntusche ist bis auf die Wangen hinab verlaufen. Sie kniet neben einem leblosen jungen Mann, dessen Hemd an der Brust blutgetränkt ist.

»Ich glaube, er ist tot«, sagt sie. »Ich kann den Puls nicht finden.«

Benjamin tritt hastig zu ihr. »Alles in Ordnung, ich bin Arzt. Das ist nicht die richtige Methode, um den Puls zu spüren. Hier, wir müssen die Blutung stoppen.« Er blickt in dem chaotischen Raum umher, während seine Finger zum Glück einen ruhigen und regelmäßigen Puls ertasten. »Der Puls ist okay. Er wird durchkommen. Hast du ein Handy?«

»Sicher.«

»Ruf einen Krankenwagen.«
Sie sieht ihn nur an.
»Sofort. Ruf einen Krankenwagen.«

DANACH HERRSCHT DUNKELHEIT

AGNES' BEINE GEBEN NACH. Sie fällt neben Benjamins Motorrad auf die Knie. Sie lehnt sich gegen den Beiwagen, zählt bis drei und steht unter Aufbietung sämtlicher Kraftreserven wieder auf.

»Benjamin«, wimmert sie. Sie will es laut rufen, doch vor Angst ist ihre Kehle wie zugeschnürt, sodass sie nur ein schwaches Wimmern hervorbringt. So viel Angst hatte sie in ihrem ganzen Leben noch nicht. Niemals. Wie konnte sie zulassen, dass Benjamin den Laden betritt? Warum hört er nie auf sie?

Sie weint. Sie ist nicht mehr die schon seit Jahren erwachsene Frau. Die vernünftige, gebildete Frau, die geworden zu sein sie mit Stolz erfüllt hatte, ist verschwunden. Jene achtsame, sensible und kultivierte Frau, als die sie sich selbst betrachtet ... fort, aus und vorbei. Übrig geblieben ist nichts als ein angsterfülltes, kleines Mädchen, ein erschrecktes Tier, das im hellen Licht unter einem Tankstellenvordach gefangen ist. Jenem hell erleuchteten Fleck in einem Meer der Dunkelheit. Ihre Sinne sind wach, geschärft von Angst und Adrenalin. Sie riecht das Benzin, den heißen Motor des Motorrads, das alte Sitzleder des Seitenwagens. Sie nimmt die kleinsten Details wahr, ein wenig Rost an einem Kratzer auf dem Motorradtank, ein paar Grashalme an den Pfählen unter den Anzeigetafeln, ein mikroskopisches Stück Glas auf dem Asphalt. Sie wendet sich den Geräuschen zu, die sie nicht zuordnen kann. Ist es der Wind? Sind es Stimmen? Leise zischt die Luftpumpe, das Motorrad gibt ein tickendes Geräusch von sich.

Eine Autotür geht auf.

Hinter dem Shop.

Sie schluckt wieder und wieder. Sie wird den Kloß im Hals einfach nicht los.

Sie starrt zum Shopfenster, sieht aber weder Belinda noch Benjamin. Sie macht einen Schritt in Richtung Shop, zittert so heftig, dass sie es kaum schafft, sich aufrechtzuhalten.

»Benjamin!« Diesmal bringt sie nur ein Flüstern zustande. Ungehindert strömen ihr die Tränen aus den Augen und tröpfeln von ihrer Kinnspitze. »Benjamin.«

Einmal meint sie, seine Stimme zu hören, wie er sofort einen Krankenwagen verlangt, einen Moment später ist sie sich nicht mehr sicher, ob sie überhaupt etwas gehört hat. Sie macht noch einen Schritt und stürzt ungebremst auf den Asphalt, als ihre Beine wieder nachgeben.

Mit dem letzten Rest Vernunft, der ihr geblieben ist, begreift sie, dass sie sich in einem Schockzustand befindet – doch das hilft ihr auch nicht weiter. Sie stützt die

Hände auf den Asphalt und hievt sich zurück auf die Knie. Das Herz hämmert wie verrückt gegen ihren Brustkorb. Ein Schwindelgefühl überwältigt sie. Sekunden später lässt ein Geräusch sie herumfahren. Sie sieht gerade noch, dass jemand nach ihrem Kopf tritt.

Danach herrscht Dunkelheit.

EIN BALL AUS STACHELDRAHT

»WIR HABEN KEINE ZEIT«, sagt Belinda und packt Agnes' Arztfreund am Arm. »Verstehst du nicht? Die sind immer noch da draußen.«

Er bedenkt sie mit einem schroffen Blick. »Ich kann die Wunde nicht finden. Aber irgendwo muss sie doch sein. Wie heißt er?«

»Wer?« Sie kann weder Christoffer noch Agnes' Freund ansehen. Ihre Augen führen ein Eigenleben, blicken immer wieder zur Hintertür.

»Der Typ hier. Dein Freund!«

»Christoffer. Er heißt Christoffer.«

»Fein. Und jetzt hörst du mir zu. Es ist sehr wichtig, dass du genau aufpasst, was ich sage. Er wird nur durchkommen, wenn wir es schaffen, dass sofort ein Krankenwagen kommt. Du willst doch, dass er durchkommt, oder?«

Sie nickt. »Das will ich. Aber sie sind noch da draußen. Es sind die beiden Typen, die vorhin schon einmal da waren. Zumindest glaube ich, dass sie es sind. Egal, sie sind es, das müssen sie sein, das wusste ich gleich. Sie hatten eine Liebespuppe auf dem Rücksitz. Sie haben Agnes gefilmt. Ich habe ihr gesagt, dass das schlimme Psychos sind, aber sie hat nicht auf mich gehört, und jetzt siehst du ja, was passiert ist. Die sind noch hinten in ihrem BMW. Die können jeden Moment reinkommen. Wir sind hier nicht sicher. Wir müssen gehen. Wir müssen Christoffer mitnehmen. Verstehst du nicht? Die sind gefährlich, die haben Christoffer mit einem Messer verletzt. Die sind krank, das kann ich dir sagen.« Sie hört selbst, dass sie unzusammenhängendes Zeug schwafelt, aber es fehlt die Zeit, alles von Anfang an zu erzählen. »Ich habe das sofort gesehen. Solche Typen haben den Hund von nebenan umgebracht, als wir noch Kinder waren. Außerdem haben sie Christoffer dazu gebracht, uns einen bösen Streich zu spielen. Die sind total durchgedreht, das sage ich dir. Pass auf, scheiß auf dein Medizinstudium, und hör mir endlich mal zu.«

»Rufst du jetzt endlich den verdammten Notarzt, oder muss ich es selber machen?« Seine Worte treffen sie wie ein Schlag ins Gesicht. Sie redet nicht mehr weiter, und in ihrem Bauch zieht sich alles zusammen, wie ein Ball aus Stacheldraht. Er hört ihr gar nicht zu. Das begreift sie jetzt.

Er wartet darauf, dass sie endlich telefoniert, sein Blick ist fordernd und ungeduldig. »Rufst du jetzt an?«, fragt er mit einer Stimme, die zittert, weil er sich so beherrschen muss.

Sie holt ihr Handy aus der Tasche, doch sie kommt nicht mehr dazu, den Anruf zu tätigen, weil sie beide im selben Moment hören, wie eine Tür geöffnet und Sekunden später kräftig zugeschlagen wird. Dann hören sie, wie sich Schritte der offenen Hintertür nähern.

»Was ich gesagt habe«, flüstert Belinda.

»Agnes …«, sagt er leise und steht auf.

»Wir müssen Christoffer mitnehmen«, teilt sie seinem Rücken mit.

Aber er hört nicht zu. »Agnes!«, ruft er und stürmt durch ein Meer von Chipstüten. Er tritt auf einige davon, sodass die Beutel explodieren und Chips durch die Gegend fliegen. Unablässig schreit er: »NEIN! NEIN! NEIN! NEIN! NEIN! NEIN!«

DIE STREIFEN IN IHREM SCHMUTZIGEN GESICHT SPRECHEN EINE DEUTLICHE SPRACHE

»AGNES? BIST DU DAS?«, fragt Belinda, als sich die Schritte des Clowns von der Eisentür entfernen. Obwohl ihr alles wehtut, versucht sie, auf der Matratze eine sitzende Position einzunehmen. »Agnes?«

»Ja.« Die Frau, die auf den Stuhl in der Mitte des Zimmers gefesselt ist, wendet den Kopf und sieht traurig zu ihr hinüber. »Er hat Benjamin umgebracht. ... mit einer ... mit einer ...« Sie schnappt nach Luft, doch sie weint nicht. Sie hat jedoch geweint. Die Streifen in ihrem schmutzigen Gesicht sprechen eine deutliche Sprache.

Nun verzieht sie das Gesicht, knurrt und schnappt nach Luft. Wie ein verletztes Tier. »Mit einer Blechschere. Er hat Benjamin mit einer Blechschere ermordet. Direkt vor meinen Augen.«

Belinda zieht die Beine eng an ihre Brust. Sie sagt nichts. Was soll sie auch sagen? Was für einen Sinn hätte es, Agnes von der Gewalt zu erzählen, der sie in einer anderen kleinen Zelle zum Opfer gefallen war, irgendwo anders in diesem albtraumhaften Keller? Wie kann sie jetzt von den Schlägen und den Tritten erzählen, berichten, wie sie am ganzen Leib betatscht wurde, wie sie blutete, einen Zahn verlor, gefoltert wurde mit Klammern überall, an der Nase, den Ohren, den Lippen, Brüsten, Armen, Wangen – während man Agnes gezwungen hatte, beim Abschlachten ihres Freundes zuzuschauen? Sie versucht zu nicken, obwohl sie gar nicht weiß, was das Nicken ausdrücken soll, nicht einmal, ob man es überhaupt sieht, weil sie so heftig zittert.

»Wir werden gefilmt«, sagt Agnes nach einer Weile. »Es gibt Kameras: da, da und da.«

»Snuff …« Belindas Stimme klingt so endgültig wie der Tod. »Verdammt.«

»Ich glaube, es ist sogar noch perverser. Anscheinend gibt es ein Livepublikum. Hinter dem Einwegspiegel da drüben.«

Belinda mustert den Spiegel. »Meinst du, die beobachten uns gerade?«

»Oh ja. Die sehen zu, hören zu. Die genießen es, sich anzuschauen, wie wir gefoltert werden und leiden.«

»Heute Nacht werden wir beide sterben.« Belinda umschlingt ihre Beine noch fester.

Agnes antwortet nicht.

Stille breitet sich im Raum aus, es dringen keine Außengeräusche herein, es gibt keine Schritte im Flur, kein Sirren der Kamerazooms. Sie hören nur ihren eigenen, pfeifenden Atem.

»Vielleicht ist gerade eine Pause im Programm?« Agnes beginnt, an den Fesseln zu zerren, mit denen ihre Hände hinter die Rückenlehne des Stuhls gebunden sind. »Schaffst du es, mir diese Fesseln abzumachen?«

»Und wenn er zurückkommt?«

»Dann bringt er uns um.«

»Aber …«

»Aber das wird er sowieso tun. Ich muss diese Fesseln loswerden. Wir müssen zu zweit gegen ihn kämpfen, allein wirst du mit ihm nicht fertig.«

Belinda schüttelt den Kopf. Sie hat bereits versucht, ihn niederzuschlagen. Dabei hat sie ihren Zahn eingebüßt. »Aber die können es sehen. Und sie hören uns.«

»Ja. Aber nur, wenn sie uns gerade beobachten. Ich könnte mir vorstellen, dass sie gerade irgendwo oben sind, eine Pause einlegen, und vor dem großen Finale noch Kaffee trinken und Kuchen essen. Die Kameras haben die ganze Zeit hin und her gezoomt, jetzt hört man sie nicht mehr.«

»Man kann wirklich hören, wie die Kameras zoomen?« Belinda blickt zur nächstgelegenen Kamera. »Ich weiß gar nicht, ob man Kamerazooms überhaupt hören kann.«

»Vielleicht verwenden sie Billigteile aus China, was weiß ich? Ich habe gehört, wie sie gezoomt haben.«

Belinda beißt sich so fest auf die Lippe, dass es wehtut. »Okay«, sagt sie matt. »Ich versuch's.«

»Solange die Kameras ruhig bleiben«, sagt Agnes und kneift die Augen zusammen, »sind wir sicher, glaube ich.«

Belinda kriecht zu Agnes und fängt an, das Seil zu bearbeiten, das um ihr rechtes Bein geschlungen ist. »Mist«, stammelt sie. »Es ist festgeschnürt, und meine Finger sind hinüber. Ich kann kaum …« Sie beginnt zu weinen, bearbeitet aber weiter das Seil, obwohl ihr die abgebrochenen Fingernägel wehtun und die Gelenke der geschwollenen Finger schmerzen. Es ist eine schwierige Aufgabe, und sie macht nur langsame Fortschritte.

»Beeil dich«, flüstert Agnes.

DAS HANDY PIEPT AN IHREM OHR

BELINDA KNIET NEBEN CHRISTOFFER, berührt sein Gesicht und spürt, wie seine Bartstoppeln an ihren Händen kratzen. Sie löst den Blick von seinem blutigen Hemd, lässt ihn über die ringsum verteilten Chipstüten bis zur Automatiktür schweifen. Für einen Sekundenbruchteil nimmt sie eine Bewegung wahr, draußen vorm Schaufenster, doch dann ist es schon wieder vorbei. Sie richtet den Blick wieder zur offenen Hintertür, auf die Dunkelheit dahinter, und wählt die 911 auf dem Handy. Ihre Hände sind glitschig, Blut ist darauf verschmiert, Rotz und Tränen, deshalb rutscht ihr das Telefon aus den Fingern.

Es fällt zu Boden, das Geräusch trifft sie wie ein Donnerschlag. Sie erstarrt, lauscht, und ihr Magen zieht sich zusammen. Schritte nähern sich.

Sie wischt die Hand an ihrem Hosenbein ab, nimmt das Telefon, lässt den Blick zwischen beiden Türen pendeln und wählt noch einmal die 911. Diesmal passt sie auf, dass ihr das Handy nicht zu Boden fällt.

Eine Verbindung wird aufgebaut, das Handy piept an ihrem Ohr, dann meldet sich eine kalte Frauenstimme. Belinda kommt nicht dazu, auch nur ein einziges Wort zu sagen, weil sie wie aus dem Nichts im selben Moment von einer starken Hand im Nacken gepackt und mit dem Kopf auf den Boden geschlagen wird. Der erste Schlag lässt Farben und Lichter vor ihrem inneren Auge explodieren, nach dem zweiten Schlag wird alles dunkel.

ER TRÄGT EINE TASCHE IN DER LINKEN

NACHDEM SIE DIE FESSELN von Agnes' Beinen gelöst hat, kümmert sich Belinda um ihre Hände. Sie sitzt hinter dem Stuhl und kämpft mit den Seilen, als Schritte durch den Flur vor der Eisentür hallen. Agnes spürt, wie die schwache Hoffnung erstirbt, die gerade noch in ihr aufkeimte. Sie richtet den Kopf zur Tür. Sie hört, wie ein Schlüssel ins Schloss gesteckt wird. »Verdammt«, stöhnt sie und fühlt sich verloren.

Belinda kriecht schnell zurück auf die Matratze.

Dann schwingt die Tür auf, und der Clown erscheint auf der Schwelle. Er bleibt einen Moment stehen, blickt von einer zur anderen, schließt dann erst die Tür und geht zu Belinda.

Agnes ruckelt mit den Händen, um zu erspüren, ob Belinda mit den Knoten vorangekommen ist und die Hände befreien konnte. Nicht annähernd. Nur das Seil um ihre linke Hand scheint etwas lockerer zu sein als vorher.

Der Clown packt Belinda an ihrem langen Haar und zerrt sie in die Mitte des Raumes. Er trägt eine Tasche in der Linken. Eine alte Arzttasche. In der Tasche klimpert etwas, als er sie auf den anderen Stuhl fallen lässt.

Er schleudert Belinda zu Boden, dreht sich danach zu Agnes um und betrachtet sie mit dem Blick eines alten Schuldirektors. Er schüttelt missbilligend den Kopf, sodass die grünen Locken fliegen, dann streckt er in dramatischer Pose die Hände seitlich aus und wirft ihr durch die Maske hindurch einen fragenden Blick zu. »Agnes Birkemose. Wo sind die Seile an deinen Beinen geblieben?«

Belinda richtet sich auf.

»Bleib unten!«, schreit er. »Runter!« Er gibt ihr ein Zeichen mit der flachen Hand, als würde er einem Hund befehlen, sich flach hinzulegen. »Runter!«

Sie wirft sich flach auf den Boden und presst die Lider zusammen.

Er kehrt sich Agnes zu. »Hat deine Kollegin hier die Seile um deine Beine losgebunden?«

Agnes erwidert den Blick und bleibt stumm.

Er zuckt mit den Schultern, geht zur alten Arzttasche und kramt darin herum.

Zu seinen Füßen wimmert Belinda irgendetwas Unverständliches.

Schließlich scheint der Clown gefunden zu haben, wonach er suchte. »Sieh mal an, was ich mitgebracht habe.« Er hält einen Tacker hoch wie eine Trophäe. Es ist ein Tacker von der Sorte, wie man sie verwendet, um Plakate aufhängen. »Belinda! Würdest du bitte aufpassen? Ich möchte dir etwas zeigen.«

Er legt eine Hand unter Belindas Kinn und hebt ihren

Kopf an, zwingt sie, ihm ins Gesicht zu sehen. »Schau mir in die Augen«, sagt er leidenschaftlich. »Schau mir in die Augen. So ist es richtig.« Dann setzt er den Tacker an ihre Wange und löst ihn aus.

Der Tacker klickt laut und schießt eine Drahtklammer tief in ihre Wange. Belinda zuckt vor Schmerz, doch über ihre Lippen kommt nur ein leises Wimmern.

»Schau mir immer in die Augen!«, befiehlt der Clown, während die Kameras an ihre Wange heranzoomen. »Steh auf!« Er hält immer noch ihr Kinn, während er sie auf die Beine zieht, und lässt erst los, als sie vor ihm steht. »Das ist besser. Schau mir immer in die Augen.« Seine Stimme klingt jetzt rührselig und erhitzt, sein Lob erregt. Er hebt den Tacker an ihre Brüste und lässt das kalte Metall über ihre Nippel gleiten.

Belinda japst. Ihr Unterkiefer zittert, ihre Beine zittern, doch sie widersetzt sich ihm nicht. Sie steht nur da, lässt die Arme hängen, fixiert den Blick auf seine Augen und wartet auf den nächsten Schmerz.

Agnes sieht, wie Blut zu tröpfeln beginnt, wo die Klammer immer noch in Belindas Wange steckt. Sie sieht weg, als der Clown in schneller Folge drei Klammern in Belindas Brüste schießt. Doch Belindas schmerzerfülltes Winseln kann sie nicht ausblenden. Es scheint eher von einem Tier zu stammen, als menschlichen Ursprungs zu sein.

»Sag, dass es dir gefällt«, befiehlt der Clown mit heiserer Stimme und feuert noch zwei Klammern in ihre Brüste. Mit kaum vernehmbarer, dünner Stimme antwortet Belinda, dass es ihr gefällt.

Agnes laufen Tränen übers Gesicht.

DIE FRAU FÄHRT MIT DER ZUNGENSPITZE ÜBER IHRE VORDERZÄHNE

AUF DER ANDEREN SEITE des Einwegspiegels ist die Atmosphäre aufgeheizt, so packend ist das, was da draußen in der Folterkammer vor sich geht. Nur wenigen Auserwählten sind derart intensive Erfahrungen vorbehalten.

In dem kleinen Raum befinden sich nur drei Personen. Zwei von ihnen sitzen dicht beieinander in einer Ledercouch. Die Frau trägt langes blondes Haar, Diamantohrringe und wirkt nervös. Sie ist in einen eng anliegenden, grauen Anzug, der die Kurven ihres schlanken Körpers betont, gekleidet, um die vierzig und gewohnt, zu bekommen, was auch immer sie begehrt. Sie beugt sich aufmerksam vor, die Ellenbogen sind auf ihre Schenkel gestützt, und sie betrachtet Belindas blutende Brüste.

Neben ihr sitzt zurückgelehnt ein übergewichtiger Mann mit einem Whiskyschwenker in der Hand. Er trägt einen großen Ring mit grünem Stein am Mittelfinger. Sein Schlipsknoten ist gelockert, das Hemd aufgeknöpft. Er schwitzt. Er leckt sich immer wieder über die Lippen und streichelt der Frau über den Hintern. Das hier ist sein Geschenk an sie.

In einem schweren Lehnsessel, rechts vom Pärchen auf der Couch, sitzt der letzte Zuschauer in Jeans, T-Shirt und Turnschuhen. Er wirkt in jeder Hinsicht entspannter als die anderen beiden.

Da sitzen sie und schauen zu. Das Publikum des heutigen Abendprogramms. Alle drei empfinden etwas. Heute Nacht fühlen sie wahrhaftig, spüren sie sich, ihre Herzen schlagen schneller, ihre Körper sind lebendig und voller Emotionen. Heute Nacht leben sie, heute Nacht spüren sie alles, heute Nacht ist intensiv, heute Nacht packt es sie.

Sie sind alle schon mal hier gewesen. Das hier macht süchtig. Wie Kokain. Jeder von ihnen erhält eine Festplatte mit einer Kopie der Videoaufzeichnungen als Souvenir. Sie sehen sich die Aufzeichnungen nur selten an. Die Vorstellung, eine Kopie zu besitzen, ist trotzdem reizvoll, und manchmal reicht es ihnen schon, die Festplatte nur zu berühren, um zu spüren, wie dieses Machtgefühl in ihnen anschwillt.

Es ist der ultimative Genuss. Die intensivste Nacht, die man mit Geld bezahlen kann, wenn jemand nur zu deinem extremen Vergnügen einen langsamen und qualvollen Tod erleidet.

Diesmal ist es sogar noch besser. Es sind Dänen. Verdorbene Wohlstandsdänen. Keine gekauften Thaimädchen aus einem Slum in Bangkok oder illegale russische Straßenhuren, sondern normale Dänen, wie man sie auf der Straße trifft. Es ist einfach unglaublich.

Das Paar auf der Couch hat fünf Kinder. Drei Mädchen und zwei Jungen. Die Kinder verbringen die Nacht vor dem Fernseher und sehen zusammen mit den polnischen Kindermädchen das Finale. Das Paar liebt seine Kinder natürlich, so wie Eltern es tun sollten. Ihre Kinder wurden für ein bedeutsames Leben geboren, sie sind geplant, erwünscht und die allerbesten. Das Paar liebt sie innig, wie es auch sein Luxusleben liebt, wie jeder von beiden sich selbst und den anderen liebt. Das ist wahre Liebe.

Der Mann im Sessel hat keine Kinder. Er hat sich dagegen entschieden. Aber vielleicht wird er seine Meinung auch irgendwann ändern, wer weiß? Er kommt in ein Alter, in dem sich die Leute zu fragen beginnen, was mit ihm nicht stimmt, weil er noch keine Familie gegründet hat. So hat er in allerjüngster Vergangenheit doch mal ab und an über ein Kind nachgedacht, denn seine Wirkung auf andere ist ihm wichtig. Man muss erfolgreich wirken, um erfolgreich zu sein.

Die Frau fährt mit der Zungenspitze über ihre Vorderzähne. »Wäre es nicht spannender, wenn sich die beiden gegenseitig foltern?«, fragt sie.

Ihr Mann hebt matt eine Braue und sieht zu dem anderen Mann. »Sind Sie damit einverstanden?«

Der andere Mann nickt und gibt sich keine Mühe, die Beule in seiner Hose zu verbergen.

»Vielleicht bringen wir sogar eine der beiden dazu, die andere umzubringen, Süße«, sagt der fette Mann und lässt die Hand über den Rücken der Frau gleiten. »Würde dir das gefallen?«

»Ja!« Das Wort kommt nur als heiseres Flüstern.

Trotzdem hört er es und spürt ihre Erregung, wenn er sie berührt. Er stellt den Schwenker auf die breite Armlehne der Couch, beugt sich vor, nimmt das Mikrofon vom Tisch und teilt dem Clown ihre Wünsche für das Finale des heutigen Abendprogrammes mit.

DAS IST EIN TEPPICH-SCHNEIDER, BELINDA

»DAS PUBLIKUM UNSERER SHOW hat einen Sonderwunsch geäußert«, sagt der Clown mit freundlicher Stimme und packt Belinda am Arm. »Wir haben anscheinend Agnes ganz vergessen. Das dürfen wir nicht. Es hat ja keinen Zweck, wenn wir zwei hier Party machen, und der Star der Show darf nur dasitzen und zusehen, oder?« Er führt sie zu Agnes, die sich plötzlich heftig auf ihrem Stuhl windet und verzweifelt versucht, freizukommen.

»Du bist der Star des heutigen Abends. Der Star darf nicht herumsitzen und völlig in Vergessenheit geraten, während die Nebendarsteller alle Aufmerksamkeit für sich beanspruchen. Das wäre nicht fair dir gegenüber.« Er tritt einen Schritt zurück, um Belinda vor sich zu stoßen. »So, Belinda, jetzt darfst du die Rolle des Scharfrichters spielen. Das Publikum möchte, dass du den Tacker bei Agnes benutzt.«

»Nein.« Belinda schüttelt den Kopf. »Nein.«

»So schwer ist das gar nicht«, sagt der Clown und presst ihr den Tacker in die Hand.

Belinda widersetzt sich mit aller Kraft, und nach einer Weile gibt der Clown nach und lässt ihre Hand los. Sie sinkt weinend zu Boden; jetzt präsentiert der Clown Agnes ein kleines Teppichmesser, das plötzlich in seiner Hand erscheint, als wäre es ein Zaubertrick. Er schiebt die Klinge heraus, bis sie einrastet, dann packt er Belinda mit festem Griff hinten am Nacken und drückt zu.

Belinda wimmert laut, als er ihr das Messer seitlich knapp über der Hüfte in den Körper rammt.

»Das ist ein Teppichschneider, Belinda«, schnaubt er in ihr Ohr. »Weißt du, die Art Messer, wie ihr sie in der Tankstelle benutzt, um die Kartons aufzuschneiden, wenn ihr Chips und Süßigkeiten in den Regalen auffüllt. Den hier habe ich aus dem Shop mitgenommen, als ich gekommen bin, um dich abzuholen. Weißt du, was für eine Art Messer ich meine?«

»J… ja.«

»Die Klinge ist jetzt nur eine Stufe ausgefahren.« Er dreht das Messer leicht in ihrem Fleisch. »So lasse ich es auch, falls du tust, was dir gesagt wird. Falls du dich entscheidest, nichts zu tun, werde ich die Klinge jedes Mal, wenn ich mich wiederholen muss, eine Stufe weiter herausschieben. Das sind ungefähr fünf Millimeter mehr Klinge in deinem Körper. Agnes, meinst du nicht auch, dass jede Stufe in diesem Messer ungefähr fünf Millimeter lang ist?«

Agnes starrt ihn nur an. Sie ist nicht mehr imstande, ein Wort herauszubringen, ja nicht mal in der Lage, einen vagen Gedanken zu fassen.

»Benutze den Tacker!«, befiehlt er.

Weinend hebt Belinda die Hand, die jetzt den Tacker hält, an Agnes' Oberarm und drückt ab.

Es ist ein Schmerz wie von einem Bienenstich. Agnes stöhnt.

»Noch mal. An ihrem Nacken.«

Belindas Hand zittert. Trotzdem schafft sie es, den Tacker an Agnes' Nacken zu führen und ihr eine Klammer ins Fleisch zu schießen.

»Das Kinn.«

Belinda bewegt den Tacker.

»Nein, warte einen Moment«, sagt der Clown. »Ich habe eine Idee!« Er entfernt das Messer aus Belindas Seite und nimmt ihr den Tacker aus der Hand. »Ich hatte gerade die beste Idee aller Zeiten. Ihr werdet bestimmt begeistert sein.«

Agnes zerrt und reißt, um die gefesselten Hände freizubekommen.

Der Clown geht zur Arzttasche.

Agnes weiß genau, dass weder sie noch Belinda von seiner neuen Idee begeistert sein werden.

DEIN NAME IST DEIN MARKENZEICHEN, DEIN ERKENNUNGSMERKMAL

»ERKENNST DU DAS?« Der Clown ist wieder hinter Belinda zurückgekehrt. In seiner Rechten hält er Agnes' Namensschild von der Tankstelle. »Warum trägst du dein Namensschild nicht, Agnes?«

Agnes öffnet den Mund, gibt aber keinen Ton von sich. Sie starrt das kleine Metallschild an. Es ist, als sähe sie plötzlich etwas aus einem vergangenen Leben, als stolperte sie auf dem Dachboden über ein vergessenes Spielzeug. Sie kann den Blick nicht von dem Namensschild lösen.

Er öffnet den Verschluss an der Rückseite des Namensschilds und klappt die lange Nadel aus. »Das Allerwichtigste im Showgeschäft, Agnes Birkemose, ist, seinen Namen bekannt zu machen. Dein Name ist dein Markenzeichen, dein Erkennungsmerkmal. Es geht vor allem darum, dass sich dein Name in den Köpfen des Publikums festsetzt. Nichts ist wichtiger als das. Das weißt du doch, oder?«

Agnes hat aufgehört, gegen die Seile anzukämpfen, um freizukommen. Sie ist wie gelähmt und atmet flach.

»Dein Markenzeichen«, sagt der Clown sanft. »Ich halte dein Markenzeichen in den Händen, Agnes. Aber bei dieser Show sieht keiner auf mich.« Er lacht. »Nicht, wenn zwei so hübsche Frauen oben ohne im selben Raum sind. Keine Chance. Belinda?«

»... Ja ...«

»Wärst du bitte so freundlich, Agnes' Markenzeichen irgendwo zu platzieren, wo es jedem ins Auge fällt?« Er hält Belinda das Namensschild vors Gesicht und wartet, bis sie es zögernd in Empfang nimmt. Dann tritt er einen Schritt zurück. »Mach es fest.«

»W... wo?«

Agnes beginnt erneut zu zittern; sie starrt auf die Nadel zwischen Belindas blutigen Fingern. »Nein!«, keucht sie.

»Was meinst du, wo es bestenfalls hingehört?«

»Ich ... ich weiß nicht.«

»Wo schaut denn jeder bei einer hübschen barbusigen Frau hin?«

Agnes bleibt das Herz stehen, als Belinda winselt: »Auf den ... Busen?«

»Dann mach das Schild dort fest.«

»Aber ...« Belinda starrt auf Agnes' kleine Brüste und schluckt, während sich Agnes auf dem Stuhl zu regen beginnt und an den nach wie vor gefesselten Händen zerrt.

»Tu es! Jetzt!«

Schluchzend greift Belinda an die weiche Haut an der Oberseite von Agnes' linker Brust. Sie drückt die Haut zusammen, um eine Falte zu bilden, durch die sie die Nadel stoßen kann.

Agnes kann nicht atmen. Ihr gesamter Oberkörper verkrampft sich panisch.

Belinda hält kurz inne, um ihre Hände zu beruhigen, bevor sie die Nadel in das empfindliche Gewebe stößt.

Agnes schreit, sie brüllt und heult, Schweiß und Rotz fliegen ihr aus dem Gesicht. Sie wirft sich zur Seite, doch sie kann dem Schmerz nicht entkommen. Es dauert eine gefühlte Ewigkeit, bis Belinda endlich aufhört, ihr die Nadel in die Brust zu bohren.

»Die Nadel ist verbogen«, wimmert Belinda. »Ich kann sie nicht …«

»Biege sie grade, und versuche es noch einmal.«

Agnes sackt im Stuhl zusammen. Belinda müht sich, die Nadel wieder gerade zu biegen; ihre Hände zittern wie verrückt. Agnes' Herz schlägt schnell, sie japst nach Luft.

Dann spürt sie, wie Belindas Finger wieder an ihre Brust zurückkehren. Sekunden später ist auch die Nadel wieder da und mit ihr der Schmerz.

Dann tritt die Nadel an der anderen Seite der Hautfalte zwischen Belindas Fingern wieder aus.

»Lasse die Nadel einrasten«, fordert der Clown. »Sorge dafür, dass sie ihr Namensschild nicht wieder verliert.«

Agnes hebt die Beine, drückt die Füße an Belindas Brust und stößt sie von sich weg.

Im nächsten Moment wirft sich der Clown nach vorn und greift nach dem Namensschild, das in der Haut von Agnes' blutender Brust steckt. Er dreht das Schild einmal herum, und alle Zeit vergeht in einem Meer von Schmerz, wie ihn Agnes nie zuvor erlebt hat.

Schmerz.

Da ist nichts als der Schmerz.

Und dann der Klang seines gefräßigen Lachens an ihrem Hals.

EIN LAUTES UND ZIEMLICH EKELHAFTES GERÄUSCH, DAS BELINDA NUR NOCH MEHR ANSTACHELT

BELINDA LANDET RÜCKLINGS mit den Ellenbogen voran auf dem groben Zementboden, doch sie spürt den Schmerz kaum. Es ist, als sei der Schmerz von ihr losgelöst. Sie blickt an ihrem nackten Oberkörper hinab und sieht Blut, Dreck und Kratzer. Die Klammern stecken immer noch im Fleisch ihrer Brüste, Blut tropft an ihnen hervor, besonders bei der Klammer, die Agnes getroffen hat, als sie sie wegtrat.

Als der Clown das Namensschild umdreht und Agnes wie eine Wahnsinnige schreit, begreift Belinda, dass sie jetzt handeln muss, wenn sie beide auch nur die geringste Chance haben wollen, lebend aus diesem Albtraum zu entfliehen. Noch kämpft der Clown leidenschaftlich mit Agnes, und die Kameras zoomen auf das Namensschild und das Blut, das an Agnes' Körper herunterläuft.

Sie muss jetzt handeln.

Aber was kann sie tun? Solange Agnes noch an den

Stuhl gefesselt ist, ist es für sie aussichtslos, den Clown zu überwältigen. Das weiß sie, denn sie hat zuvor schon in der anderen Zelle mit ihm gekämpft. Es war der Kampf, der sie einen Zahn gekostet hat. Ohne eine Waffe kann sie ihn nicht überwältigen.

Kurz fällt ihr Blick auf den freien Stuhl. Die Arztasche steht immer noch darauf. Vielleicht mit einer Waffe darin?

Agnes' Schreie verändern die Tonlage, als sie versucht, mit dem Clown zu reden. Sie fleht ihn an, ihr nicht mehr wehzutun. Er hört nicht auf sie, im Moment ist er zu sehr damit beschäftigt, das Namensschild in die entgegengesetzte Richtung zu drehen. In seiner anderen Hand erscheint das Teppichmesser.

Belinda schluckt ihren eigenen Schmerz herunter und richtet sich auf. Die Arztasche erweist sich als leer, nichts als ein unangenehmer, vermoderter Geruch findet sich darin. Sie wirft sie beiseite und nimmt sich stattdessen den Stuhl, wiegt ihn in der Hand.

Jetzt klopft es fest an der Scheibe. Es kommt von der anderen Seite des Einwegspiegels und soll den Clown warnen, doch er hört es nicht. Er geht so darin auf, Agnes zu malträtieren, dass er nicht merkt, wie Belinda näher kommt. Er hört nur Agnes' wimmerndes Flehen und ist derart von seinen eigenen perversen Gelüsten in Bann geschlagen, dass er überhaupt nichts mitbekommt, bis ihm Belinda den Stuhl über den Schädel zieht und dafür sorgt, dass er von Agnes wegtaumelt. Das Namensschild steckt immer noch in ihrer Brust, die Haut rings um die Nadel ist eingerissen, Blut strömt ihren Leib hinab. Agnes steht offenbar kurz davor, das Bewusstsein zu verlieren.

Der Clown brüllt und hält sich den Kopf. Die Maske ist verrutscht, und die grüne Perücke färbt sich an der rechten Seite rot. Als er die Stelle berührt, röten sich auch seine Finger feucht. Das Teppichmesser ist weg. Er muss es verloren haben.

Belinda geht auf ihn los, schwingt noch einmal den Stuhl. Er wehrt den Angriff mit seinem linken Arm ab, doch die Kraft des Schlages reicht aus, um ihm den Arm zu brechen. Es ertönt ein lautes und ziemlich ekelhaftes Geräusch, das Belinda nur noch mehr anstachelt. Er sinkt auf die Knie, als sie ein drittes Mal den Stuhl nach ihm schwingt. Diesmal trifft sie ihn mitten ins Gesicht. Er geht nieder, landet auf dem Rücken, und nichts kann Belinda jetzt noch aufhalten. Sie schwingt den Stuhl wieder und wieder und wieder. Die Stuhlbeine brechen ab; überall Splitter, Blut und Teile der grünen Perücke. Sie schlägt immer weiter auf ihn ein. Die Kameras zoomen nicht auf sie.

DIESE AGNES IST EIN VÖLLIG ANDERER MENSCH

SCHLIESSLICH SCHAFFT ES AGNES, die linke Hand zu befreien. Sie öffnet, schließt und schüttelt sie in der Luft, um die Blutzirkulation wieder in Gang zu kriegen.

Ihre andere Hand, die rechte, ist noch hinten am Stuhl angebunden. Das Seil ist weiterhin fest verschnürt. Mit der Linken kann sie es nicht lösen, vor allem, da die Hand als Folge der abgeschnürten Blutzirkulation noch wehtut und brennt. Sie vermeidet sorgfältig, an sich herunterzublicken, weil sie die Wunde in ihrer linken Brust nicht sehen will. Das muss warten, bis sie entkommen sind.

Falls ihnen die Flucht gelingt.

In weniger als einem halben Meter Entfernung sieht sie den Teppichschneider des Clowns auf dem Boden liegen. Daran klebt Blut. Sie hat keine Ahnung, ob es ihr eigenes oder Belindas Blut ist. Sie kann nicht einmal sagen, ob er sie mit dem Messer traktiert hat oder nicht. Sie weiß es wirklich nicht. Alles verschwimmt durch die Panik und den Schock.

Sie atmet tief durch und richtet sich auf. Das Seil schneidet in ihr rechtes Handgelenk, als sie den Stuhl vom Boden anhebt. Ihre Beine sind steif und fühlen sich zugleich gummiartig an. Trotzdem schafft sie es, sich zu bücken und mit der Linken das Messer zu greifen.

Sie lässt die Klinge ein paar Stufen weiter herausfahren und bringt den Stuhl vor sich, um das Seil zu zerschneiden. Sie verletzt sich die Haut an ihrem Handgelenk, aber davon abgesehen geht es ohne Schwierigkeiten. Bald fallen Teile des Seils zu Boden, zuletzt der Stuhl. Ihre Hand ist frei.

Belinda, gleich neben ihr, zeigt endlich Anzeichen von Erschöpfung. Noch immer schlägt sie mit dem, was vom Stuhl übrig ist, auf den Clown ein, doch die Schläge erfolgen langsamer. Sie japst nach Luft und hebt den Stuhl über ihren Kopf. Zwei Stuhlbeine sind abgebrochen, und die Sitzfläche hängt jetzt lose herab.

Agnes greift die Rückenlehne ihres Stuhls und wendet sich zum Einwegspiegel. Sie steht aufrecht, und für einen kurzen Augenblick sieht sie aus wie eine Schildträgerin der Wikingerzeit. Ihre Brüste sind entblößt, voller Blut und Schweiß, und ihr Haar hängt strähnig herab. Sie ist keine drei Schritte vom Einwegspiegel entfernt. Sie durchmisst die Strecke laufend und schwingt den Stuhl links von ihrem Körper, wie ein Baseball spielendes Kind. Im nächsten Moment lässt sie den Stuhl durch den Einwegspiegel krachen und schickt einen Orkan von Glassplittern, Blut und Schweiß in den Raum hinter dem Spiegel.

Sie sieht drei Menschen in dem Zimmer. Alle stehen. Einer – ein Mann in Jeans – hastet zu einer Tür im hinteren Teil des Raumes, während die anderen beiden, eine Frau und ein übergewichtiger Mann, wie gelähmt hinter einer Ledercouch verharren. Der dicke Mann brüllt in ein Mikrofon um Hilfe, schreit, dass es einen unerwarteten Zwischenfall gegeben habe.

Agnes hat keinen von ihnen zuvor gesehen. Noch nie. Niemals. Sie verwendet die Rückenlehne des Stuhls, um das meiste Glas zu entfernen, das noch im Rahmen steckt. Als es beseitigt ist, schwingt sie ein Bein in den Raum und setzt den Fuß auf den dicken weichen Teppich, der dort verlegt ist.

Die Frau fängt an, den dicken Mann zu stoßen. »Halte sie auf, verdammt noch mal! Du bist doch der Mann, oder?«

Das Mikrofon rutscht ihm aus den fetten Fingern.

»Tu was!«, schreit die Frau.

Agnes lässt den Stuhl fallen und hebt das Teppichmesser. Sie eilt zu dem Mann, rammt ihm das Messer in den fetten Wanst und dreht es herum. Seine Augen quellen vor, doch er sagt nichts, kein einziges Wort. Sie zieht das Messer aus ihm heraus, treibt es ihm fest in den schlaffen Hals und dreht sich dann der Frau entgegen. Die Frau brüllt sie an, aus ihrem Mund fliegen Speicheltropfen, aber Agnes ist nicht mehr bei Sinnen. Jedenfalls nicht in diesem Moment; vielleicht wird sie es auch nie wieder sein. Agnes hat sich verändert. Und ganz, ganz tief in ihrem Inneren weiß sie bereits, dass es nicht zu ihrem Besten ist.

Die Frau versucht, ihr ins Gesicht zu schlagen, doch es nützt ihr nichts. Schon hat Agnes ihr die Kehle aufgeschlitzt und macht sich an die Verfolgung des letzten

Zuschauers. Der hat die Tür erreicht und will den Raum gerade verlassen.

»Halt!«, befiehlt Agnes und springt über den fetten Mann, der zu Boden gesackt ist.

Zu ihrer vollkommenen Überraschung hält der letzte Mann tatsächlich inne und dreht sich um. Er zittert am ganzen Leib. Seine Beine geben nach, und er fällt gegen die Wand. Vorne an seiner Jeans erscheint ein dunkler Fleck, und rings um seinen linken Fuß bildet sich eine kleine Urinlache.

Agnes nähert sich ihm.

»Ich sollte eigentlich gar nicht hier sein. Da war mein erstes Mal. Es war nicht meine Idee. Sejer hat mich eingeladen. Er hat für unsere Tickets bezahlt. Er wollte, dass … du … ich konnte es nicht ablehnen. Ich würde … bitte … nicht … nein.«

Die Agnes, die vor wenigen Stunden ihren Dienst bei der Tankstelle antrat, wäre nicht imstande gewesen, dem Mann etwas anzutun. Sie hätte gedacht, dass sie nicht besser sei als er, wenn sie ihn umbrächte. Vielleicht glaubt sie das auch immer noch. Doch die Agnes, die hier steht, mit Klammern in der Haut und dem Namensschild, das in ihre blutende Brust gebohrt wurde – diese Agnes ist ein völlig anderer Mensch.

JETZT SIEHST DU, WAS PASSIERT

ERSCHÖPFT LÄSST BELINDA den Stuhl neben den leblosen Clown fallen. Ihr Atem kommt in langsamen, tiefen Stößen. An ihrem Körper perlt der Schweiß herunter, hinterlässt Spuren im Schmutz auf ihrer Haut und brennt in den Wunden. Sie hört den eigenen Herzschlag im Schädel dröhnen.

Der Clown ist tot, das muss er sein. Sie starrt auf seine Brust. Die bewegt sich nicht, und wenn sie sich nicht rührt, dann gibt es keine Atmung. Alles ist voller Blut. Die Maske ist zerbrochen, bedeckt jedoch noch immer den größten Teil vom Gesicht. Die grüne Perücke sitzt ihm schief auf dem Kopf. Sein Haar ist braun und verklebt – mit Blut und einer anderen Masse, die sie lieber nicht näher benennen will. Sie hat ihn umgebracht. Sie hat ein menschliches Wesen umgebracht. Aus irgendeinem Grund hat sie die Stimme ihrer Mutter im Kopf, die ihr Vorwürfe macht.

Jetzt siehst du, was passiert. Dafür wirst du im Gefängnis schmoren.

Sie streckt vorsichtig die Hand aus, um dem Clown die Maske vom Gesicht zu reißen. Dank des Blutes klebt sie an den Wangen fest und bricht entzwei, als Belinda sie anhebt. Daher enthüllt sie nur den unteren Teil eines Männergesichts und die Nase. Der Mund ist kaputt, die Zähne sind eingeschlagen, ein paar davon haben sogar die Wangen durchstoßen.

»Ist er tot?«

Belinda wendet den Kopf und sieht, wie Agnes durch den verbrochenen Einwegspiegel zurück ins Folterzimmer steigt; in der Hand hält sie ein äußerst blutiges Teppichmesser.

»Ich glaube schon«, nickt Belinda. »Ich habe ihn umgebracht.« Ihre Unterlippe zittert, doch es gelingt ihr, das Weinen zu unterdrücken.

»Wer ist es?«

»Ich weiß nicht. Die Maske ist zerbrochen.«

Agnes geht zu ihr und stellt sich breitbeinig hinter sie. »Er war nicht allein. Das ist ausgeschlossen. Ich denke, wir sollten machen, dass wir fortkommen.«

Belinda blickt auf das Namensschild, das immer noch im Fleisch von Agnes' Brust steckt. »Es tut mir leid ..., ich ...«

Agnes senkt den Kopf, und für einen Augenblick scheint es sie zu überraschen, dort ihr Namensschild zu entdecken. »Vergiss es.« Vorsichtig zieht sie die Nadel aus der Wunde. »Du hast mir das Leben gerettet. Jetzt wollen wir mal sehen, wer dieser Dreckskerl ist.«

Belinda fasst widerstrebend hin und entfernt den Rest der Maske. Es ist ein Mann, den sie noch nie gesehen hat.

»Der?« Agnes staunt. »Der war heute Nacht in der Tankstelle. Noch vor diesen Kerlen mit der Liebespuppe. Er hat einen Wunderbaum gekauft.«

Belinda steht auf. »Das Letzte, woran ich mich von der Tankstelle erinnern kann …« Sie schlägt die Augen nieder. »Auf dem Fußboden unter Christoffer war kein Blut, obwohl er dort eine ganze Weile gelegen hat. Sein Hemd war voll mit Blut. Ich fand das ein bisschen merkwürdig und habe mich gefragt, ob … Christoffer vielleicht … Da hätte doch eine Blutlache auf dem Boden sein müssen?«

Agnes schneidet eine Grimasse. »Ich habe jetzt überhaupt keine Lust, über Blut nachzudenken. Wir müssen hier raus, und zwar sofort. Kannst du gehen?«

»Ja.«

»Besorg dir eine Waffe. Ein Stück vom Stuhl oder so was.«

Belinda blickt zu dem Teppichmesser in Agnes' Hand. Von der Klinge tropft Blut.

Agnes grinst, und in ihrem Blick ist etwas, das Belinda eiskalt in die Knochen fährt. »Da waren drei Zuschauer, Belinda. Eine Frau und zwei Männer. Die werden nie wieder zu einer Snuff-Liveshow gehen.«

Belinda sieht durch den zerstörten Einwegspiegel. Zum Glück erkennt sie drinnen nicht mehr als eine Couch, einen Lehnsessel und ein paar Blutspritzer an der Rückwand.

»Komm jetzt«, sagt Agnes, »durch die hintere Tür im Zuschauerraum kommen wir raus.«

MISTER WUNDERBAUM WAR BESTIMMT NICHT ALLEIN

KURZ DARAUF GEHEN SIE durch die Hintertür des Zuschauerraumes. Der Gestank von Blut und Kot dreht einem den Magen um. Sie müssen über den Leichnam des dritten Zuschauers steigen, um den Raum verlassen zu können.

Der Boden im Flur besteht aus rauem Zement, wie der Fußboden in der Folterkammer. Von den Wänden schält sich weiße Farbe. Schimmernde Gipsplatten bilden die Decke, von der an Kabeln nackte Glühbirnen baumeln. An den Wänden sind Dreck- und Staubknäuel und auf dem Boden Blutspuren. Der Korridor scheint endlos zu sein. Zu ihrer Rechten führt ein weiterer, kürzerer Korridor zu einer verschlossenen Eisentür, hinter der sie die Folterkammer vermuten. Von der Decke hängen Spinnweben, tote Spinnen liegen herum. Wenn sie über den Zementboden laufen, knirscht es laut bei jedem Schritt, unüberhörbar für jeden, der in der Nähe sein könnte.

Auf der linken Seite des Flurs befinden sich vier geschlossene Türen. Agnes öffnet die erste Tür zu einer kleinen Zelle, in der nur eine schmutzige Matratze auf dem Boden liegt.

»Da war ich eingesperrt«, sagt Belinda.

Agnes schließt die Tür. Die nächste führt zu einem größeren Raum, wo anscheinend an einem neuen Zementboden gearbeitet wird. Ein Zementmischer steht herum, daneben ein Mischbottich und ein paar große Säcke mit Sand. Teile des Bodens sind offenbar schon fertiggestellt, allerdings sehr nachlässig und augenscheinlich von jemandem, der noch nicht einmal über diesbezügliche Grundkenntnisse verfügte. Der neue Boden ist uneben und, wie es aussieht, etappenweise, Stück für Stück angelegt worden. Doch dann gefriert ihr das Blut in den Adern, und sie begreift, was sie vor sich hat.

Es sind Gräber.

Ihre Reihe beginnt am entgegengesetzten Ende des Raumes, und es scheint fünf oder sechs von ihnen zu geben. Jedes davon wurde mit einer Schicht Zement verschlossen. Dort, wo die Reihe der abgedeckten Gräber endet, wurde ein neues ausgehoben. Und obwohl sie weiß, dass es ein extrem schlechter Einfall ist und ihr Körper sich mit jeder Faser widersetzt, *muss* sie hingehen und ins Loch hineinschauen. Das Loch ist tief und für mehrere Leichen bestimmt. Als sie ins Loch hinabblickt, sieht sie Benjamin. Er ist kaum wiederzuerkennen. Der Clown mit der Blechschere hat ganze Arbeit geleistet. Sein Körper liegt, achtlos ins Grab geworfen, in einer zufälligen Position auf dem Boden der Grube, einen Arm in unmöglichem Winkel über dem Kopf verbogen. Der andere Arm ist nicht zu sehen. Die Beine sind angezogen, und der ist Rücken verdreht. Ihr und Belinda war dasselbe Grab zugedacht gewesen.

Sie weicht vom Grab zurück, schüttelt den Kopf und vermeidet es, Belinda in die Augen zu schauen. »Weiter«, sagt sie. Sie will gar nicht erst damit anfangen, sich auszurechen, wie viele andere Leichen noch unter den Zementflächen neben seinem Grab verscharrt sein müssen. »Wir müssen hier verschwinden. Sofort. Jemand muss die Kameras bedient haben. Mister Wunderbaum war bestimmt nicht allein.«

WENN SIE EIN HANDY WÄRE, WÜRDE SIE JETZT ZU PIEPEN ANFANGEN

HINTER DER NÄCHSTEN TÜR entdecken sie eine weitere Zelle. Auch leer. Agnes fällt ein großer Ohrring ins Auge, der zwischen den Staubmäusen auf dem Boden liegt. Sie schließt rasch die Tür und macht mit der letzten weiter.

Belinda bleibt dicht hinter ihr. Sie hält ein abgebrochenes Stuhlbein in beiden Händen, um jederzeit für einen Kampf gewappnet zu sein. Agnes kann sich kaum beherrschen und hält das Teppichmesser so fest in der Hand, dass ihre Finger schmerzen. Sie legt die andere Hand auf den Griff der letzten Tür. Aus irgendwelchen Gründen erwartet sie, dass sie abgeschlossen ist. Doch sie öffnet sich leicht und geräuschlos.

Ein schwach beleuchtetes Treppenhaus führt zu einer neuen Tür, die offen steht. Im Flur ein blauer Lichtschein. Sie steigt die Treppe empor, Stufe um Stufe, ganz behutsam und so leise, wie sie nur kann.

Hinter der offenen Tür oben, wo die Treppe endet, stößt sie auf ein Zimmer, das nach Kaffee und Tabak riecht. Um einen Esstisch in der Zimmermitte sind ein paar Stühle gruppiert. Auf dem Tisch befinden sich ein voller Aschenbecher, ein paar Kaffeebecher und eine zusammengefaltete Zeitung. An einer Wand steht ein weiterer Tisch mit mehreren Monitoren, die Bilder aus der Folterkammer zeigen, den zerbrochenen Einwegspiegel und den toten Clown, der auf dem Boden liegt.

»Wie kommt es, dass niemand hier ist?«, zischt Belinda, die in schnellem Rhythmus durch die Nase atmet. »Die haben gezoomt wie verrückt, als er dein Namensschild verdreht hat. Die müssen zugesehen haben, wie ich ihn umgebracht habe.«

»Und wie ich das Publikum umgebracht habe«, flüstert Agnes.

»Vielleicht haben sie kalte Füße gekriegt und sind weggelaufen?«

»Dann hätten wir verdammt viel Glück.«

»Vielleicht war hier oben nur ein Kerl …«

Agnes blickt auf den Esstisch. Dort stehen fünf Kaffeebecher. Drei Zuschauer und zwei Scharfrichter. Es ist nicht ausgeschlossen. Sie umkreist den Tisch bis zu einer schmalen Schiebetür. Es wäre vorstellbar, dass der letzte Komplize in Panik ausgebrochen und davongelaufen ist, falls er hier saß, die Kameras kontrollierte und zusah, wie ihr kleines schmutziges Geschäft vor seinen Augen zusammenbrach, als sie und Belinda Mister Wunderbaum und die drei Zuschauer um die Ecke brachten.

Sie wirft Belinda einen warnenden Blick zu, dann zieht sie die Schiebetür auf. Ihr Adrenalinspiegel sinkt, sie fühlt sich müde und erschöpft. Die Schmerzen werden schlimmer. Wenn sie ein Handy wäre, würde sie jetzt zu piepen anfangen: Batterie fast leer.

Die Schiebetür rattert beim Öffnen vernehmlich. Es dauert ein paar Sekunden, bis sich ihre Augen an die Dunkelheit vor der Tür gewöhnt haben, und weitere, höchst irritierte Sekunden, bis sie begreift, was sie sieht.

Eine Wand aus Heu.

Aufgetürmte Heuballen.

Von der Schiebetür bis zu den Heuballen sind es ungefähr eineinhalb Meter, der freie Raum bildet einen seltsamen Flur. Sie tastet sich Schritt für Schritt vorwärts. Es geht nur langsam voran.

Schließlich erreicht sie das Ende des Flurs. Sie betastet mit den Händen die Mauerkanten und fühlt sich zusehends verzweifelt. »Das ist eine Sackgasse«, stammelt sie. »Eine Sackgasse. Hier geht es nicht weiter.

»Ich habe vor ein paar Schritten eine Öffnung zwischen den Heuballen gespürt«, sagt Belinda.

»Zeig mal.«

Belinda führt sie bis zur Öffnung zurück. Ein weiterer enger Korridor durch das Heu. Belinda geht voran.

Fünf, sechs Schritte weiter bleibt Belinda stehen.

»Was?«

»Noch eine Sackgasse. Überall Heuballen. Wenn ich nur etwas sehen könnte.«

»Versuchs mal weiter oben oder weiter unten …«

Agnes blickt zurück in die Dunkelheit hinter ihnen, in der man nur einen ganz schwachen, bläulichen Schein von den Computermonitoren sieht.

»He, hallo!«, sagt Belinda. »Ich kann etwas fühlen. Eine Latte, etwas Holz, glaube ich. Ein paar von den

Heuballen scheinen an der Latte befestigt zu sein.« Agnes hört, wie sie daran zerrt und drückt.

Dann gibt plötzlich eine ganze Reihe von Heuballen nach und öffnet den Weg in eine gigantische Scheune. Mondschein fällt durch das große, offen stehende Tor. Er taucht das Innere der Scheune in einen fahlen, bläulichen Glanz. Sie blicken sich in alle Richtungen um, dann treten sie aus dem Heuhaufen heraus. Die Scheune sieht wie irgendeine x-beliebige Scheune aus. In der Mitte ist ein Traktor abgestellt, dessen Zubehör liegt darum herum. Pflug, Egge, Sämaschine, was auch immer.

Durch die kleinen Bogenfenster in der Scheune sieht Agnes die Leuchtschilder der Tankstelle; sie sind kaum einen Kilometer entfernt. Es zerreißt ihr das Herz. Sie sind so nah. An der Tankstelle blinken Blaulichter. Polizei? Notarzt? Hat vielleicht jemand Christoffer gefunden? Belinda und sie müssen inzwischen als vermisst gemeldet worden sein. Sie kann den Anblick nicht ertragen. Die Polizisten sind so nah, sie suchen nach den Spuren dessen, was sich in der Tankstelle abgespielt hat, so nah und zugleich auch so fern, als befänden sie sich auf dem Mond.

Draußen, vor den Scheunentoren, sind mehrere Wagen im Hof geparkt. Das Mondlicht glitzert im Chrom eines Jaguars. Daneben steht der metallicblaue Toyota des Clowns mit dem Wunderbaum, den ihm Agnes früher am Abend verkauft hat und der jetzt am Rückspiegel hängt.

SIE SIND DER FREIHEIT SO NAH

»WENN SEIN KOMPLIZE Panik bekommen hat«, sagt Agnes hinter Belinda, als sie die Scheune verlassen, »hätte er wohl kaum Zeit damit verschwendet, das Schlupfloch zwischen den Heuballen zu verschließen.«

Belinda überquert den Innenhof und sieht sich um. Es ist ein ganz normaler Innenhof, wie ihn auch viele andere dänische Bauernhöfe haben. Weiß gekalkte Wände, ein schwarzes Dach, leicht heruntergekommen. Ein wenig unheimlich im bläulichen Mondlicht. Kein Licht in den Fenstern auf der Hofseite.

Die Luft ist kühl, selbst im Schutz des umfriedeten Innenhofs. Ihr Oberkörper ist nackt; in der Nachtkälte zieht sich ihre Haut zusammen, die Nippel werden steif, und die Klammern, die immer noch in ihrer Haut stecken, schmerzen noch mehr.

Sie sind der Freiheit so nah.

So nah.

Die Hofausfahrt ist düster, doch das Tor ist zum

Glück nur angelehnt. Auf der Schwelle einer Tür dicht bei der Ausfahrt, die zum Bauernhaus führt, liegt eine Liebespuppe mit Klebeband vor dem Mund. Sie sprechen kein Wort, gehen weiter und schlüpfen durchs Tor.

Ein Feldweg führt vom Bauernhof weg, einen Hügel hinauf, vorbei an Feldern und weiter, vermutlich zur Schnellstraße oder zu einer Landstraße, in die Freiheit. Ein Wagen kommt die Straße herauf. Belinda kann nicht erkennen, welche Automarke, dazu ist das Fahrzeug noch zu weit entfernt, dennoch ist sie ziemlich sicher, dass es sich um einen BMW handelt. Ein Frontscheinwerfer funktioniert nicht.

»Verdammt«, keucht Agnes neben ihr. »Die dürfen uns nicht sehen. Lass uns durch die Felder laufen.«

»Ich hab's dir doch gesagt«, murrt Belinda und eilt hinter Agnes um die Ecke des Bauernhauses. »Ich habe dir gesagt, dass das Psychos sind.«

Auf dieser Seite des Bauernhauses sind die Fenster erleuchtet. Die Gartentür steht offen. Belinda hat aus den Scheunenfenstern die Lichter der Tankstelle nicht gesehen, auch nicht die Blaulichter der Einsatzfahrzeuge, weil ihre Aufmerksamkeit ganz auf die Autos im Hof gerichtet war. Doch jetzt sieht sie alles, es strahlt in der Ferne wie ein Leuchtturm und weist ihnen den Weg in die Freiheit. Nur fragt sie sich im Gegensatz zu Agnes nicht, ob man Christoffer gefunden hat.

Weil er mit einem Gewehr im offenen Gartentor steht.

»Mädels«, sagt er und richtet das Gewehr auf sie.

»Tut mir leid, aber ihr geht nirgendwo hin. Arni, komm her, ich habe sie.«

Belinda starrt ihn an. In seinen Augen sieht sie all das, was sie lieber nicht sehen würde.

ENDE

HART – HÄRTER – LANGSTRUP

Erleben Sie zwei exklusive Bonus-Storys
vom dänischen Horrormeister!

METRO

Es ist Maja, also gehe ich ran. Mit der anderen Hand lockere ich meinen Schlips, dann schnappe ich mir meinen Koffer und ziehe ihn hinter mir her. Es ist mitten in der Nacht am Kopenhagener Flughafen. Er ist menschenleer. Meine Schritte hallen laut.

Ich bin unterwegs zur Metrostation.

»Ich bin wieder da«, sage ich mit müder Stimme und kann mich schon nicht mehr erinnern, wo ich gewesen bin. Seit meiner Scheidung habe ich rund um die Uhr gearbeitet. Es ist bereits meine vierte Geschäftsreise diese Woche, dabei ist erst Donnerstag. Obwohl, genaugenommen Freitag, denn es ist schon nach Mitternacht. »Was gibt's, Maja?«

Maja ist meine Sekretärin, und sie ruft bestimmt nicht an, um mir gute Nachrichten zu überbringen. Ich weiß genau, dass sie keine guten Nachrichten für mich hat, sonst wäre sie um diese Zeit nicht mehr wach. Sie braucht es gar nicht zu sagen, was sie natürlich nicht davon abhält, es dennoch zu tun.

»Es ist was passiert, William.«

»Und was?« Ich ziehe meinen Koffer den langen Korridor entlang, der zum Bahnsteig führt. Ich sehe schon die Leuchtbuchstaben und -ziffern auf der Anzeigetafel bei den Schienen vor mir:

Ein Lauftext darunter vermeldet, dass der Fahrstuhl bei der Flintholm-Station defekt ist.

Ich bin allein. Durch die Glaswände der Station blicke ich zum Parkplatz vor dem Flughafen hinunter. Im gelblich-blassen Schein der Straßenlaternen wirkt auch er verlassen. Dann richte ich den Blick zum hohen Schatten des Hilton Hotels. Im Nachtdunkel sind nur wenige Fenster des Hotels erleuchtet.

»Ich habe schon den ganzen Tag versucht anzurufen, aber ich habe keine Verbindung mit deinem Handy bekommen.« Ich kann sie klar und deutlich verstehen. Ich höre Angst in ihrer Stimme – Angst und Erschöpfung.

»Warum hast du mich nicht im …« Ich zögere. »Tut mir leid. Ich habe keine Ahnung, wo ich gewesen bin. Berlin? War es heute Berlin?«

»Madrid, William. Du kommst aus Madrid zurück. Du hast heute Morgen mit Berlin begonnen und bist dann nach Madrid weitergeflogen. Gestern warst du in London, Montag und Dienstag in Miami.«

Was würde ich bloß ohne Maja anfangen? Manchmal scheint sie der einzige Mensch zu sein, der sich um mich kümmert.

Ich erreiche den Bahnsteig und lasse den Koffergriff los, um mir die Müdigkeit aus dem Gesicht zu reiben. Die Bartstoppeln kratzen unter meiner Handfläche.

Ich werfe einen Blick auf mein Spiegelbild in der Glaswand. Ich sehe okay aus, wen man bedenkt, dass ich seit den frühen Morgenstunden wach bin und gearbeitet habe.

»Warum hast du mich dann nicht in Madrid angerufen? Ich war den ganzen Nachmittag und den größten Teil des Abends über in der Zentrale.« Das weiß ich so genau, weil ich genau das in Madrid zu tun pflege – und überall sonst auch. Ich besuche die Regionalniederlassungen und überprüfe ihre Maßnahmen zur Erfüllung der Konzernplanungen. Nähern sie sich den vom Management definierten Zielvorgaben? Wenn die Niederlassungen Schwierigkeiten haben, ihr Soll zu erfüllen, ist es meine Aufgabe, das festzustellen und sie wieder auf die Spur zu bringen. Das geschieht selbstverständlich in Kooperation mit den Führungskräften der Regionalbüros, aber … Madrid. In meiner Erinnerung verschwimmt alles, als könnte ich Madrid, Berlin, London und Miami nicht mehr auseinanderhalten. »Warum hast du nicht einfach angerufen?«

»Es ist zu persönlich. Ich wollte nicht, dass sie … Ich dachte, es wäre dir lieber, wenn es sich nicht überall herumspricht, bevor …«

»Etwas Persönliches?«

Ich verziehe das Gesicht und starre auf den schwarzen Koffer, während ich in Gedanken bei Betina und den Kindern bin. Ich habe sie seit einigen Wochen nicht gesehen. Ich versuche, ihnen aus dem Weg zu gehen, mich davon nicht beeinflussen zu lassen. Seit der Scheidung wohne ich in einem möblierten Zimmer. Eigentlich sollte es nur eine vorübergehende Lösung sein, aber jetzt lebe ich dort bereits über ein Jahr und habe nichts unternommen, um mir eine andere Bleibe zu suchen. Ich arbeite und arbeite, sonst nichts. Betina hat das Haus, den Wagen und die Kinder – sie hat einfach alles bekommen, aber das war mir egal. All das brauchte ich nicht.

Für mich zählte nur der Job, den Rest konnte sie haben. Jetzt stehe ich hier. Ich wohne in einer Mansarde in einer alten Villa in Frederiksberg. Ich habe ein Bett, einen Wandschrank für meine Kleidung, einen Tisch und einen einzelnen Stuhl, auf dem ich vor dem Laptop sitzen und arbeiten, immer nur arbeiten kann. Ich besitze keinen Fernseher, kein Radio, nicht mal eine Couch. Ich habe eine kleine Küche und ein etwas streng riechendes Badezimmer. Ich weiß nicht, warum ich mir noch keine bessere Unterkunft gesucht oder Maja darauf angesetzt habe. Vermutlich verspürte ich nicht das Bedürfnis. Berufsbedingt verbringe ich jede zweite Nacht in Hotelzimmern irgendwo auf der Welt.

Die Kinder. Eigentlich müsste ich sie häufiger sehen. Emil und Victoria. Sie sind keineswegs völlig aus meinem Blickfeld verschwunden. Im Sommer habe ich sie in den Tivoli mitgenommen. Ich habe allerdings nicht gerade viel Zeit für solche Dinge. Kurz vor der Scheidung wurde ich befördert. Jahrelang hatte ich mich dafür schwer ins Zeug gelegt, bis mir fast die Augen bluteten, habe mir viele Feinde gemacht – und dann hat Betina mich verlassen.

VANLOSE: 7 MIN.

Stand da nicht gerade noch vier Minuten?

»Du stehst in allen Zeitungen, William.«

»Was tue ich?« Ich schüttele den Kopf. »Wie um alles in der Welt bin ich in den Zeitungen gelandet?«

Im Flugzeug gab es Zeitungen, aber ich kam nicht zum Lesen, weil ich zu arbeiten hatte.

»Du bist sogar auf den Titelseiten.«

»Was?«

»Gibt es keine Gratiszeitungen an der Metrostation?«

»Was hat das zu bedeuten? Maja, um Himmels willen, nun rede endlich!« Ich suche auf dem Bahnsteig nach Zeitungsständern. Da liegt nichts aus. Die Ständer sind leer. »Hier sind keine Zeitungen.«

»Es ist eine Verwechslung, ein großer Irrtum. Du warst nicht einmal im Land, als es passiert ist.« Jetzt plappert sie los, doch ich komme nicht mehr mit. Als ich im verlassenen Flur hinter mir leise Schritte höre, drehe ich mich um und entdecke eine junge Frau, die einen rosafarbenen Koffer zieht. Ich sehe, wie sich die weißen Kopfhörerkabel ihres MP3-Players ihren Hals hinabwinden. »Es ist wirklich ziemlich blöd, aber du musst morgen mit der Polizei sprechen. Du musst bei der Polizei anrufen und denen sagen … Nein, vermutlich rufst du sie besser noch heute Nacht an, William. Ich hätte sie fast selbst angerufen, aber …«

»Stopp«, sage ich mit fester Stimme. »Maja, du redest wirr. Ich habe keine Ahnung, was du mir da erzählst. Komm zum Punkt, und fasse dich kurz. Ich bin nicht in Stimmung für so etwas.«

»Okay.« Ich kann hören, wie sie etwas trinkt, bevor sie fortfährt. »Du wirst als Vergewaltiger gesucht.«

»Was?«

»Es hat in den vergangenen Wochen in Kopenhagen eine Reihe brutaler Vergewaltigungen gegeben. Gestern hat die Polizei ein Bild von den Videoaufzeichnungen der Metro-Überwachungskameras veröffentlicht. Die letzte Vergewaltigung geschah Montagnacht, nicht weit von der DR-Byen-Metrostation. Das Opfer hat dich in den Aufzeichnungen der Überwachungskamera wiedererkannt.«

Ich zögere ein paar Sekunden und sehe meinem Spiegelbild in der Glaswand in die Augen – dann lache ich.

»Es ist kein Witz, William. Ich weiß nicht, wie das passieren konnte, doch dein Gesicht ist auf den Titelseiten aller Zeitungen. Sogar jetzt gerade, während wir reden, sehe ich dein Bild in den TV2-Nachrichten, verdammt noch mal.«

»Maja, Maja.« Ich lache immer noch. »Habe ich irgendeinen Jahrestag vergessen? Lauert ihr irgendwo mit Kuchen und Luftballons auf mich?«

»Nein!« Ihr Tonfall bringt mich zum Schweigen. »Nein, es stimmt. Ich mache keine Witze.«

»Aber … wie komme ich denn auf diese Aufzeichnungen? Hast du nicht gerade gesagt, ich sei letzten Montag in Miami gewesen?«

»Das habe ich. Ich habe keine Ahnung, was passiert ist. Vielleicht gibt es jemanden, der so aussieht wie du, einen Doppelgänger, vielleicht haben sie die Aufzeichnungen vertauscht, was weiß ich. Ich weiß nur, dass dir dieses Bild in den Zeitungen beunruhigend ähnlich sieht.«

»Warum ist dann die Polizei nicht hier aufgekreuzt, um mich zu verhaften?«

Auf ihrem Weg zur Wartebank kommt die junge Frau an mir vorbei. Ich kann die Musik ihres MP3-Players hören, trotzdem spreche ich leiser. Ich habe dieses seltsame Gefühl in mir. So aufgeregt war ich schon seit Jahren nicht. Die Nerven? »Du kannst doch nicht die Einzige gewesen sein, die mich erkannt hat.«

»Vielleicht warten sie bei dir zu Hause auf dich. Ich denke, du solltest sofort die Polizei anrufen und den Irrtum aufklären. Es wäre nicht gut, wenn so etwas deinem Ruf schadet.«

»Du hast recht, Maja. Ich rufe sie an, sobald ich nach Hause komme. Danke. Und jetzt leg dich schlafen. Wir sehen uns morgen im Büro.«

Ich schalte das Telefon ab, lasse es in meine Tasche gleiten und werfe einen Blick auf die Anzeigetafel.

VANLOSE: 3 MIN.

Wenigstens scheint sich die Wartezeit wieder zu verkürzen. Ich dehne meine Schultern. Sie sind steif geworden, als ich im Flugzeug stundenlang über meinen Laptop gebeugt gearbeitet habe.

Maja hatte natürlich recht. Es ist wichtig, dass ich mich auf der Stelle mit der Polizei in Verbindung setze. Ich überlege, es sofort zu tun, verwerfe es aber wieder, weil ich zunächst mein Bild sehen will, bevor ich weitere Schritte unternehme. Falls sie recht hat und es wirklich mein Gesicht in den Zeitungen ist, muss ich diesen Irrtum sofort korrigieren lassen. Derartiger Mist bleibt gern an einem hängen, deshalb ist Schadensbegrenzung angesagt. Vielleicht sollte ich auch zuerst meinen Anwalt anrufen, damit der, falls nötig, Druck auf die Polizei ausübt. Sie sollen öffentlich meine Unschuld erklären, wenn sie das Bild aus der Videoüberwachung zurückziehen. Es ist entscheidend, dass nicht der geringste Zweifel an meiner Unschuld bestehen bleibt und das Ganze als polizeiliche Ermittlungspanne dargestellt wird. Vielleicht sollte ich sie sogar verklagen?

Falls – Falls! – ich wirklich die Person auf dem Polizeifoto bin, was ich kaum glauben kann. Schließlich war ich in jener Nacht in Miami.

Das Bahnticket! Ich habe vergessen, mein Bahnticket in der Maschine abstempeln zu lassen. Ich schüttele den Kopf, zücke mein Portemonnaie und hole das Ticket daraus hervor.

VANLOSE: 5 MIN.

Jetzt läuft der Countdown wieder rückwärts. Ich gehe zum Automaten und stempele mein Ticket zweimal. Als ich aufsehe, erwische ich die junge Frau dabei, wie sie zu mir herüberschaut. Ich erwidere den Blick mit einem müden Lächeln, und sie wendet schnell den Kopf ab.

Sie sieht jung aus. Sie hat langes blondes Haar und blaue Augen. Süß. Eine junge Frau. Sie ist schlank, aber man ahnt den Babyspeck an ihr. Jedenfalls trägt sie viel zu viel Make-up um die Augen.

Ich kehre zu meinem Koffer zurück. Ich habe Hunger. Im Flugzeug gab es etwas zu essen, aber das ist Stunden her. Ich frage mich, ob zu Hause noch etwas im Kühlschrank ist. Oder etwas Brot, vielleicht?

VANLOSE: 1 MIN.

Gleich kommt der Zug. Ich drehe mich um, weil ich nach ihm Ausschau halten will. Normalerweise sieht man ihn bereits aus größerer Entfernung kommen. Jetzt ist alles dunkel. Ich blicke auf die Uhr. Es ist nach zwei Uhr morgens. Ich muss hier jetzt schon seit einer halben Stunde warten ... vielleicht sogar noch länger. Warum gibt es keine Lautsprecherdurchsagen? Sonst gibt es die doch auch immer, wenn eine Bahn Verspätung hat.

VANLOSE: 5 MIN.

Als ich die Frau wieder dabei erwische, wie sie zu mir herübersieht, deute ich auf die Anzeigetafel und zucke mit den Schultern. Sie reagiert ebenfalls mit Schulterzucken.

Ich wende mich ab. Wenn es vernünftige Bänke bei den Metrostationen gäbe, hätte ich noch etwas Arbeit erledigt bekommen. Jetzt weiß ich nicht, wie ich die Zeit totschlagen soll.

Ich werfe einen neuerlichen Blick auf die junge Frau. Sie hat sich die Ohrstöpsel herausgezogen. Ich sehe ein Paar große Ohrringe, als sie das Kabel zusammenlegt. Dann holt sie ein Handy aus der Tasche. Natürlich verwendet sie zum Musikhören ihr Handy und keinen MP3-Player.

VANLOSE: 2 MIN.

Ich blicke auf meine Schuhe. Die könnten auch mal wieder geputzt werden. Der Straßenstaub Madrids überzieht sie mit einer Schutzschicht. Die junge Frau trägt Sneakers mit Schottenmuster. Als ich in ihrem Alter war, hatte ich dieselben Schuhe, nur in Schwarz.

Irgendwie erinnert sie mich an meine erste Freundin, denke ich, als ich heimlich ihr Spiegelbild in der Glaswand betrachte. Sie hat dieselbe Figur, dasselbe Haar, dieselben Ohrringe. Die Ohrringe besonders. Ich hatte es mit ihren Ohren, fällt mir ein, und ich erinnere mich plötzlich an den Geschmack dieser Ohrringe.

Meine erste Liebe. Naja, mein war sie nur wenige Wochen lang. Wir waren so jung, und die Welt war so lebendig. Die Erinnerung treibt mir ein Lächeln ins Gesicht. Von diesem Moment an sollte man eigentlich nicht mehr altern.

Ich versuche, mich an ihren Namen zu erinnern. Ich sehe ihr Gesicht vor mir, schmecke das Metall ihrer Ohrringe im Mund, spüre die Wärme ihres Körpers, den Zauber des ersten Kusses, das eigenartige, aber herrliche Gefühl ihrer Zunge in meinem Mund, ihre weiche Haut, das feine Haar unter ihrem Höschen. Ich erinnere mich an jedes kleine Detail, aber nicht an ihren Namen.

»Auf Gleis Zwei Einfahrt des Zuges nach Vanlose.«

Die merkwürdig überdrehte, weibliche Stimme der Bahndurchsage vertreibt meine Erinnerungen. Ich muss blinzeln und bin für einen Moment verwirrt. Ich war so in Gedanken versunken gewesen, dass ich den Zug gar nicht kommen sah, doch jetzt ist er auf einmal da.

Die Automatiktüren öffnen sich. Ich blicke zu der Frau hinüber, greife den Koffer und steige ein. Ich nehme den Sitz ganz vorn. Weil es keine Zugführer gibt – der Zug wird von Computern gesteuert –, kann ich durch die Frontscheibe direkt auf die Gleise hinuntersehen. Ich stelle den Koffer auf den Platz neben mir.

Dank der spiegelnden Frontscheibe kann ich die Frau betrachten, die ihren rosafarbenen Koffer durch den Mittelgang zwischen den Sitzen zieht. Sie ist eine Tür weiter in den Zug eingestiegen und kommt jetzt auf mich zu. Aus irgendeinem Grund gefällt sie mir. Fast wünsche ich, die junge Frau käme ganz bis zu mir nach vorn und setzte sich zu mir.

Tut sie nicht.

Das hier ist Dänemark. Wir sind Dänen. Wir halten Distanz. Wir nehmen keinen Sitzplatz in der unmittelbaren Nähe von Fremden, wenn noch andere Plätze frei sind. Wir reden in Zügen nicht mit Fremden. Sie tippt gelegentlich auf dem Display ihres Smartphones herum und setzt sich in ein Abteil gegenüber der Tür, durch die ich eingestiegen bin.

Ich ziehe mein eigenes Smartphone hervor, ohne zu wissen, warum, und lasse es wieder in meine Tasche gleiten. Ich fühle mich ein wenig unruhig. Warum bewegt sich der Zug nicht?

Ich blicke wieder in die spiegelnde Frontscheibe. Ich kann bis ans andere Ende des Zuges sehen, und er ist leer. Es ist irgendwie seltsam, wenn ich so darüber nachdenke. Normalerweise sind immer Leute in der Metro, egal zu welcher Uhrzeit. Ich kann mich nicht erinnern, jemals in einer so leeren Metro gefahren zu sein. Wenn die Frau an der nächsten Haltestelle aussteigt, bin ich ganz allein. Das dürfte sich aber wieder ändern, je näher wir der Stadt kommen. Schließlich ist Donnerstag, und für die Studenten hat das Partywochenende gerade erst begonnen.

Auf dem Sitz hinter mir entdecke ich eine zurückgelassene Zeitung und greife danach. Auf der Titelseite ist ein großes Foto von mir. Es ist unscharf und fällt nicht besonders vorteilhaft aus. Mein Blick ist direkt auf den Leser gerichtet und vermittelt Zorn, vielleicht sogar Wahnsinn. Sie haben bewusst genau das Bild aus den Videoaufzeichnungen der Überwachungskameras gewählt, auf dem ich den kriminellsten Eindruck erwecke. Ich trage dieselbe Kleidung wie momentan, denselben dunklen Anzug, auch denselben Schlips. Sogar das Hemd könnte dasselbe sein, aber das kann man nicht genau sagen. Alle meine Hemden sind weiß. Ein dunkler Bartschatten bedeckt meine Wangen.

DAS IST DER VERGEWALTIGER, lautet die Schlagzeile, und Maja hat verdammt recht. Das auf dem Bild bin ich. Doch wie kann das sein? Ich war Montagnacht nicht einmal im Land. Trotzdem bin ich es, der auf dem Bild in der Metro dicht bei den Türen steht, sich an der Stange unterm Dach festhält und direkt in die Überwachungskamera blickt. Es könnte sogar derselbe Zug gewesen sein, und vielleicht stand ich nur ein paar Meter von der Stelle entfernt, wo ich gerade sitze. Niemand sonst ist auf dem Foto zu sehen. Vielleicht war der Zug in jener Nacht auch leer. Nur, dass ich in jener Nacht gar nicht in diesem Zug gefahren bin und noch nie in einer leeren Metro gesessen habe.

Was geht hier vor?

Ein Doppelgänger. Jeder Mensch hat einen. Sagt man das nicht? Aber es kann kein Doppelgänger sein. Der Mann in der Zeitung hat dasselbe Muttermal am Kinn wie ich und sogar die Narbe in der Augenbraue, die ich mir beim Wehrdienst geholt habe. Es kann niemand anders sein. Kein Doppelgänger könnte sowohl das Grübchen als auch die Narbe aufweisen – nicht mal eineiige Zwillinge hätten beides. Ich muss es sein. Doch wie bin ich auf das Foto gekommen?

Ich betrachte mein Spiegelbild in der Frontscheibe, berühre das Muttermal, die Narbe. Alles genau wie in der Zeitung. Die junge Frau sieht mich an. Ich erstarre und fühle mich innerlich eiskalt. Was ist, wenn dahinten auch eine Zeitung herumliegt? Was ist, wenn sie mich erkennt? Es ist bekannt, dass junge Frauen falsche Vergewaltigungsvorwürfe erheben, nur um Aufmerksamkeit zu erlangen … so ähnlich habe ich es jedenfalls in der Zeitung gelesen. Falls sie das tut, bin ich mit Sicherheit erledigt. Niemand würde mir auch nur ein Sterbenswörtchen glauben. Niemand.

Ich lasse die Zeitung fallen, als hätte ich mich daran verbrannt, blicke zu meinen Beinen hinunter und zupfe mir einen imaginären Fussel von der Hose. Ich schwitze. Warum fährt der Zug nicht ab? Warum ist sonst niemand im Zug?

Da fällt mir unvermittelt etwas ein. Ich drehe mich vorsichtig um und hole mir die Zeitung zurück. Wenn ich das Foto in der Zeitung mit meinem Spiegelbild vergleiche, sehen sie exakt gleich aus … Aber nicht wie ich. Denn ich bin gespiegelt, beziehungsweise das Spiegelbild, und falls das Foto in der Zeitung nicht auch gespiegelt ist, ist es ausgeschlossen, dass *ich* der Mann auf dem Foto bin. Muttermal und Narbe befinden sich bei mir auf der rechten Seite des Gesichts, auf dem Foto in der Zeitung ebenso wie in meinem Spiegelbild jedoch auf der linken Seite.

Ich verziehe das Gesicht. Das Foto wird sich vermutlich als gespiegelt erweisen. Es wäre sehr überraschend, wenn es jemanden in Kopenhagen gäbe, der mir so ähnlich sieht, dass er buchstäblich mein Spiegelbild abgeben könnte.

Dann sehe ich es. Den Anzug. Die Knöpfe. Die Knöpfe sind selbstverständlich rechts angebracht, wie es bei Herrenbekleidung üblich ist. Die Knopflöcher befinden sich auf der linken Seite. Falls das Foto gespiegelt wurde, müssten die Seiten vertauscht sein, wie bei Frauenbekleidung.

Der Zug piept, die Türen schließen sich, und der Zug setzt sich in Bewegung. Ich blicke nach hinten zur jungen Frau. Jetzt sitzt sie mit geschlossenen Augen da. Vielleicht döst sie sogar vor sich hin. Sie hat die Kopfhörer wieder eingesetzt. Mein Blick folgt dem weißen Kabel von ihrem Hals bis zu den Ohren, und ich kann fast wieder den metallischen Geschmack ihrer Ohrringe auf der Zunge spüren.

Und dann fällt es mir wieder ein. Ihr Name war Ellen-Marie. Meine erste Liebe. Ellen-Marie. Natürlich: Ellen-Marie Lundquist. Ich war so sehr in sie verliebt. Vielleicht war ich nicht einmal in meine Exfrau so verliebt. Betina war die vernünftige Wahl, sie gab eine gute Mutter für meine Kinder ab, doch Ellen-Marie damals … das war so aufregend. Wie sich ihr feines, weiches Haar zwischen meinen Fingern anfühlte. Es war magisch. Sie zitterte, wenn ich sie berührte. Ich erinnere mich sogar noch daran, wie der Tee roch, den sie uns an jenen Nachmittagen in der großen, leeren Villa ihrer Eltern zubereitet hat. Die Poster an der Wand ihres Zimmers, meine Hand, die sich langsam in ihre Bluse vorarbeitete.

Die Frau merkt, dass ich sie ansehe, und bedenkt mich mit einem strengen Blick. Ich wende mich verlegen ab. Wäre sie älter, hätte ich vielleicht versuchen können, mit ihr ins Gespräch zu kommen.

Gott weiß, dass ich eine Frau in meinem Leben brauche. Seit der Scheidung hatte es keine, absolut *keine* Frauen in meinem Leben gegeben. Dazu hatte ich weder Zeit noch Lust. Für mich keine Frauen mehr. Ich habe immer nur gearbeitet, meinen Job erledigt, bin im Armani-Anzug und mit meinem Laptop durch die ganze Welt gereist. Plötzlich wird mir klar, dass ich unbedingt eine Frau brauche, allerdings keine, die eine vage Ähnlichkeit mit dem ersten Mädchen aufweist, mit dem ich Sex hatte.

Außerdem war Ellen-Marie eine Schlampe. Ein paar Wochen später erwischte ich sie auf einer Party mit einem anderen Jungen, und etwas ging in mir kaputt … etwas, über das ich schon seit Jahren nicht mehr nachgedacht habe.

»Nächste Station Femoren.«

Ich war schon wieder derart in Gedanken verloren gewesen, dass ich nicht einmal bemerkt hatte, dass der Zug in der Kastrup-Station haltmachte. Ich bin müde. Ich könnte gleich hier im Zug einschlafen, aber heute Nacht werde ich kaum zum Schlafen kommen. Ich muss mich mit der Polizei in Verbindung setzen. Oder vielleicht sollte ich auch zuerst nach Hause gehen und etwas schlafen – nur ein paar Stunden – und dann sofort morgen früh meinen Anwalt anrufen, um alles in Ordnung zu bringen.

Durch das Fenster sausen die Vorstädte auf Amager vorbei. Die Straßen der Insel wirken im öden Licht der Straßenlaternen menschenleer. Die Häuser sind dunkle Blocks, nur vereinzelt dringt ein warmer Lichtschein aus einem Fenster. Dieser Teil Kopenhagens schläft.

Am Bahnsteig von Femoren steht nur ein einzelner Mann, der auf den Zug wartet.

Er hat die Schultern bis an die Ohren hochgezogen und sieht aus, als würde er frieren. Auf diesen erhöhten Bahnsteigen ohne Windschutz ist es immer kalt. In den Metrostationen, wo die Gleise unterirdisch verlaufen, ist es viel besser.

Der Mann ist längst eingestiegen, bevor mir die schreckliche Wahrheit klar wird. Er ist der Mann aus der Zeitung. Der Vergewaltiger. Mein Doppelgänger. Mein gespiegelter Doppelgänger.

Der Zug ist immer noch so gut wie leer. Niemand sonst, nur wir drei. Aber er setzt sich nicht hin. Er steht bei der Tür, durch die er hereingekommen ist. Genau zwischen mir und der jungen Frau. Meine Blicke huschen vom Mann zu ihr. Sie sitzt wie zuvor mit geschlossenen Augen da und hört Musik. Der Mann jedoch dreht langsam den Kopf, bis sich unsere Blicke in der Spiegelung in der Frontscheibe begegnen und wir einander in die Augen sehen. Ich kann meine Augen nicht bewegen. Ich spüre, wie sich tief in meiner Seele Eiskristalle bilden. Ich versuche zu schlucken und habe das Gefühl, auf meinem Sitz zusammenzuschrumpfen, als würde ich wirklich kleiner und kleiner werden.

Bitte steig an der nächsten Station wieder aus, bete ich im Stillen. *Bitte steig aus.*

Er grinst mich an, grüßt mit einem leichten Kopfnicken, und es gelingt mir endlich, mich von seinem Blick zu lösen. Ich zittere. Wie kann er im selben Zug wie ich sein? Dieser Zufall ist zu unwahrscheinlich … um ein Zufall zu sein. Ich nehme mir die Zeitung, um mich dahinter zu verstecken, und schlage sie irgendwo auf.

»Nächste Station Amager-Strand.«

Meine Blicke kleben an der Zeitung, aber ich lese nicht. Ich spüre seine Blicke immer noch im Nacken, als wären es Nadelstiche. Ich bin mir sicher, dass er mich noch ansieht, aber ich bringe es nicht über mich, meinerseits hinzusehen.

Steig aus, steig aus, steig aus, bete ich in einem fort, während mir ein Schweißtropfen über die Nase läuft, auf die Zeitung tropft und das Papier dort, wo er landet, verdunkelt.

Steig aus.

Die Bahn hält am menschenleeren Bahnsteig und verweilt dort etwa eine Minute. Dann schließen sich die Türen, und der Zug setzt sich wieder in Bewegung. Ich riskiere einen kurzen Blick über die Zeitung hinweg zur Spiegelung in der Frontscheibe. Er ist nicht da. Eine Woge der Erleichterung spült durch meinen ganzen Körper. Er ist nicht da. Er hat den Zug in Amager-Strand verlassen!

Er muss gespürt haben, dass er erkannt wurde. Ich schließe die Augen und atme langsam aus. Dann schüttele ich langsam den Kopf und öffne die Augen wieder.

Mit wird klar, dass ich immer noch die Zeitung halte, und obwohl ich sie wahllos irgendwo aufgeschlagen habe, sehe ich die Artikel über die Vergewaltigungen vor mir. Es hat im vergangenen Monat fünf Fälle von Vergewaltigung gegeben. Sie waren extrem brutal. Da steht, dass der Vergewaltiger seine Opfer schlimm verstümmelt. Dort sind noch mehr Fotos meines gespiegelten Doppelgängers. Sollte ich jetzt die Polizei anrufen, ihnen berichten, dass der Verdächtige in der Station Amager-Strand ausgestiegen ist? Dass er eine verblüffende Ähnlichkeit mit meinem Spiegelbild hat … ich aber natürlich nicht er bin, sondern …

Ich fasse mir an die Stirn, massiere meine Schläfen. Ich kann mich nicht dazu durchringen. Ich kann nicht klar denken oder eine Entscheidung fällen.

Draußen senken sich die Gleise in einen offenen Graben mit hohen Betonmauern an jeder Seite. Ich lege die Zeitung weg. Ich muss sofort die Polizei anrufen, denn mir geht endlich auf, dass meine Lage viel heikler ist, wenn ich mich nicht sofort mit ihnen in Verbindung setze. Wie soll ich ihnen erklären, dass ich sie nicht umgehend angerufen habe? Ich muss mich auf jeden Fall rasch mit ihnen auseinandersetzen, und das hier könnte sich als meine Glücksnacht erweisen. Die Bilder der Videoüberwachung dieses Zuges zeigen, dass wir beide im selben Zug fahren. Das wird meine Unschuld beweisen.

Ich nehme mir das Telefon. Wähle ich einfach 112, die dänische Notrufnummer? Ich kenne die Direktwahl für die Polizei nicht. Die Telefonnummern aller dänischen Polizeiwachen enden mit 1448, das weiß ich natürlich – aber die vier Ziffern, die vor dieser Nummer kommen? Welche Wache soll ich anrufen? Ich habe keine Ahnung. Ich wähle die 112 und lasse mich von ihnen weiterverbinden.

»Notrufzentrale.«

»Hallo, mein Name ist William Wilson, ich sitze in der Metr…« Dann fällt plötzlich mein Blick auf ihn.

Er ist nicht ausgestiegen, steht noch genauso da wie vorher und sieht mich mit diesem ominösen Grinsen im Gesicht an. Ich kann nicht begreifen, wie das möglich ist. Er muss sich irgendwo versteckt haben, vielleicht hat er sich zwischen die Sitzbänke gehockt? Was weiß ich? Es ist unmöglich zu sagen. Jetzt steht er jedenfalls an der Tür, grinst mich an, als gäbe es ein Einverständnis zwischen uns, und schüttelt langsam den Kopf.

Ich schalte mein Handy aus und lasse es zögernd in

meine Tasche gleiten. Meine Hände zittern. In seiner Hand erscheint ein großes Messer. Er hält die Hand mit dem Messer hoch, um sicherzustellen, dass ich die Waffe auch sehe, dann dreht er langsam den Kopf, um die junge Frau anzusehen, die immer noch mit geschlossenen Augen Musik hört. Sie ist ganz in ihrer eigenen Welt gefangen. Ich will »Nein!« schreien, ihn aufhalten, will irgendwas tun, um sie zu beschützen ... aber ich kann nicht. Meine Kehle ist wie zugeschnürt, ich kann kaum atmen, und mein Körper ist wie gelähmt.

Mein gespiegelter Doppelgänger sieht wieder zu mir, hebt die linke Braue und hört einfach nicht zu grinsen auf. Inzwischen ist sein Grinsen jedoch so breit geworden, dass ich seine Zähne zwischen den Lippen blitzen sehe. Er hält den Blick eine gefühlte Ewigkeit lang auf mich gerichtet. Ich schwöre ... ich versuche, den Kopf zu schütteln und ihm zu befehlen, dass er die Frau in Ruhe lassen soll, aber ich bin außerstande, etwas zu tun. Ein raues Krächzen tief in meiner Kehle ist alles, was ich zustande bringe.

Innerlich dagegen schreie ich, brülle aus voller Kehle, dass er aufhören soll, ich heule der Frau Warnungen zu, schreie *Lauf! Lauf! Lauf!* Aber äußerlich bin ich so stumm wie ein Grab und wie von einer unbekannten Kraft gelähmt. Ich bin außer Gefecht gesetzt und zur Rolle des Zuschauers verdammt.

Jetzt hat er sich der jungen Frau zugewandt. Er geht zu ihr hinüber und setzt sich neben sie. Als sie seine Nähe spürt, öffnet sie die Augen. Zunächst wirkt sie eher überrascht als verängstigt, doch das ändert sich, als sie das Messer erblickt. Sie zappelt, schiebt ihn von sich weg und rutscht am Zugfenster hoch.

Ich höre seine Stimme, verstehe die Worte jedoch nicht. Er sagt etwas zu ihr. Sie nickt, dabei laufen Tränen über ihr Gesicht, und die schwarze Wimperntusche verschmiert ihre Wangen.

Ich schließe die Augen und versuche, die Kontrolle über meinen Körper wiederzuerlangen. Ich muss etwas tun, ich muss das hier stoppen. Vielleicht schaffe ich es, an der nächsten Station aus dem Zug zu springen und Alarm zu schlagen. *Das ist das Mindeste, was ich tun kann,* sage ich mir, und das kriege ich auch hin. Ich muss. Ich bin kein Held, ich war nie tapfer, nicht einmal gerissen. Ich bin ein vorsichtiger Mann, aber laufen, das kann ich. Ich kann wenigstens Hilfe holen. Das muss ich tun. Ich bewege die Beine und stelle mich darauf ein, zur Tür zu sprinten, sobald der Zug in die nächste Station einfährt. Eine Mischung aus Erleichterung und Hoffnung erfüllt mich. Ich werde imstande sein, meine Beine zu bewegen. Ich kann das, ich bin bereit. Ich weiß, was ich zu tun habe.

Durch die Frontscheibe sehe ich, wie sich die Lichter der nächsten Station nähern. Ich hole tief Luft, bereite mich vor und spüre jeden Muskel meines Körpers, dann riskiere ich einen schnellen Blick zu der jungen Frau und meinem Doppelgänger. Ihre Jacke ist geöffnet, die Bluse hochgezogen und entblößt ihre kleinen festen Brüste. Er kneift ihre Nippel und lässt sie vor Schmerz stöhnen.

Als der Zug langsamer wird und am Bahnsteig hält, bin ich auf den Beinen und bereit, zu den Türen zu stürzen, sobald sie sich öffnen. Doch das tun sie nicht. Stattdessen setzt sich der Zug wieder in Bewegung, und ich sacke auf meinem Sitz zusammen. Ich fühle mich mies, als der Rock der jungen Frau hochgeschoben und ihr Höschen zerfetzt wird, während er das Messer fest an ihre Kehle drückt.

Er spuckt sich in die andere Hand, weil er sie mit seinem Speichel feucht machen will.

Ich schaue schockiert weg. Was jetzt? Nächste Station? Oder soll ich auf ihn losgehen, mein Glück versuchen, wenn er kurz vor dem Orgasmus steht, und ihm dann kräftig eins mit meinem Koffer überziehen?

Der Zug hält völlig grundlos auf freier Strecke an, einer dunklen Stelle, exakt im selben Moment, als er in sie eindringt. Seine Stimme brummt unablässig, während er mit ihr redet. Er hat ihr Haar gepackt, leckt ihre Tränen ab und züngelt an ihrer Wange entlang bis an ihr Ohr.

»Der Zug hält zur Zeit auf freier Strecke. In der Norreport-Station wurde ein Alarm ausgelöst, deshalb müssen alle Züge zwischen Christianshavn und Norreport halten.«

Ich merke, dass ich weine. Große, dicke Tränen rollen meine Wangen herunter. Mächtige, stumme Schluchzer formen sich in meiner Brust und lassen meinen Körper erzittern. Endlich begreife ich – es gibt nichts, was ich tun kann. Ich bin in diesem Zug mit meinem Schicksal gefangen, meinem gespiegelten Doppelgänger. Ich bin verloren, sitze hier fest und bringe es nicht fertig, meine Augen von der Vergewaltigung abzuwenden, die sich nur wenige Meter von mir entfernt vollzieht, ohne dass ich etwas dagegen unternehmen kann.

Ich bin paralysiert, erstarrt in Zeit und Ort – und war es schon die ganze Zeit. Endlich begreife ich. Ich werde von Mächten kontrolliert, die viel größer und stärker sind als ich. Es war mir einfach nicht vorherbestimmt, auf den Bahnsteig zu laufen und Alarm zu schlagen. Ebenso wenig konnte ich mein Handy benutzen. Weder hier noch sonst wo. Zu glauben, dass ich es könnte, wurde mir nur aus einem einzigen Grund zugestanden; ich sollte mich umdrehen und das Opfer direkt anschauen, anstatt es lediglich in der unscharfen Spiegelung auf der Frontscheibe zu betrachten. Das Schicksal wollte, dass ich zusehe.

Das begreife ich jetzt.

Ich, der ich nie an das Schicksal, an Gott oder irgendetwas geglaubt habe, das größer ist als der Mensch, begreife es jetzt. Und ich sehe zu. Ich sehe alles, schaue zu, wie die Frau auf die Knie gezwungen, das Gesicht gegen die Glasscheibe gedrückt wird, die unsere Abteile voneinander trennt. Ich sehe die Angst in ihren Augen, das Flehen um Hilfe, aber ich bin in diesem Albtraum genauso gefangen wie sie. Glaubt mir, ich würde ihn beenden, wenn ich könnte.

Das würde ich.

Diese arme junge Frau, diese arme, arme Ellen-Marie. Ihr Kopf schlägt gegen die Glasscheibe. Bald mischt sich Blut aus Nase und Mund mit der verschmierten Wimperntusche; ihr Gesicht wird zu einer Maske aus Rot und Schwarz und hinterlässt lange schmierige Spuren auf dem Glas.

Über ihr sehe ich meinen Doppelgänger, der mich angrinst, als würde er mir ein Geschenk machen. Ich sehe sein Gesicht durch meine eigene, schwache Spiegelung in der Glasscheibe. Ebenso muss er auch mein Gesicht auf der anderen Seite des Glases sehen, als würden wir in diesem Moment zu einer einzigen Person verschmelzen. Wir. Die gespiegelten Doppelgänger.

Er wird allmählich schneller, als der Zug wieder Fahrt aufnimmt. Es ist fast so, als würden seine harten Stöße den Zug antreiben wie eine Art verhexter Draisine. Die Zuggeschwindigkeit steigert sich, eine Station zieht vorbei wie ein verwaschenes Lichtermeer in der düsteren Vergessenheit; der Zug hält nicht. Die Geschwindigkeit nimmt zu, und mit ihr die Heftigkeit seiner Stöße. Inzwischen sind wir in einem tiefen Tunnel, tief unter der Stadt Kopenhagen.

Endlich macht er mit einem letzten, energischen Stoß allem ein Ende, als er seinen Höhepunkt erreicht. Sein Heulen hallt durch den leeren Zug. Dann löst er sich von ihr und zieht den Reißverschluss an seiner Hose hoch. Die Frau sackt an der Trennwand hinab und hinterlässt dabei eine Spur von Rotz, Blut und Wimperntusche auf dem Glas.

Ich falle fast aus dem Sitz, als der Zug plötzlich sein Tempo drosselt. Ich muss mich an der Rückenlehne festhalten, um nicht auf den Boden zu fallen.

Der plötzliche Geschwindigkeitsabfall scheint meinen Doppelgänger allerdings nicht zu stören. Er steht fest auf dem Boden und wirkt entspannt. Er neigt mir seinen Kopf zu und grinst. Ich sehe das große Messer im kalten Licht funkeln, als er den Kopf der Frau zurückreißt. Es liegt etwas Leidenschaftliches in der Art, wie er mit dem Messer ihr Haar zerteilt, bis es den großen runden Ohrring findet, der von ihrem kleinen hübschen Ohr herabbaumelt. Er zieht sie am Haar, zwingt ihren Kopf zur Seite und sorgt dafür, dass ich alles genau sehen kann, als er ihr mit einer schnellen Bewegung das Ohr abschneidet.

»NEIN!«, schreie ich, und zu meiner eigenen Überraschung kommt das Wort tatsächlich aus meinem Mund, löst exakt in jenem Moment den Bann, als der Zug schließlich an der Station hält und sich die Automatiktüren auf dem nächsten verlassenen Bahnsteig öffnen.

Mein Doppelgänger wickelt das Ohr in ein Taschentuch und stopft es sich in die Hose. Dann nickt er in meine Richtung und verlässt den Zug.

Ich bin sofort auf den Beinen und eile zu der jungen Frau, ziehe sie in meine Arme, doch sie stößt mich weg, schiebt mich fort, tritt mich sogar.

»Ich will nur helfen«, sage ich und versuche mit meinem Taschentuch die Blutung an ihrem Kopf zu stillen, dort, wo einmal ihr Ohr gewesen ist.

»Hör auf! Lass mich in Ruhe!« Sie schreit so laut, dass mir Spucke und Blut ins Gesicht spritzen.

Ich muss den Rettungsdienst anrufen.

Ich entdecke meinen Doppelgänger. Er steht auf der anderen Seite des Bahnsteigs, wartet auf den Zug in die Gegenrichtung und sieht dabei völlig entspannt aus. Ich muss ihn aufhalten. Auf einmal verstehe ich, was das Ganze zu bedeuten hat. Das alles ist geschehen, weil es nur eine einzige Person gibt, die ihn aufhalten kann.

Diese Person bin ich, sein Doppelgänger. Ich, die gute Hälfte, der weiße Teil – ich *muss* ihn stoppen.

Der rosafarbene Koffer der Frau liegt auf dem Boden. Anders als mein eigener, weicher Koffer aus Segeltuch besteht dieser aus hartem Kunststoff. Ich greife nach dem Koffer, spüre sein Gewicht. Ich halte den Koffer in beiden Händen, laufe aus dem Zug auf den Bahnsteig und hebe den Koffer hoch über meinen Kopf.

Mein Doppelgänger hört und sieht mich nicht kommen, und ich hämmere den Koffer mit aller verfügbaren Kraft auf seinen Hinterkopf. Er bricht vor meinen Füßen zusammen, und ein weiteres Mal hebe ich den Koffer hoch über meinen Kopf. In diesem Augenblick trifft mich ein schwerer Schlag von hinten. Ich stürze auf ihn und pralle dann mit dem Gesicht auf den Bahnsteig. Ich spüre einen heftigen Schmerz. Ein Zahn ist abgebrochen. Mein Mund füllt sich mit Blut. Als ich versuche, wieder auf die Beine zu kommen, trifft mich der nächste Schlag am Kopf. Ich taumele, verliere das Gleichgewicht und falle auf den Rücken. Ich sehe, wie Ellen-Marie mit dem rosafarbenen Koffer auf mich losgeht.

»Ellen-Marie«, flüstere ich und spucke dabei Blut und Bruchstücke von Zähnen aus. »Warum, Ellen-Marie? Ich wollte dir doch helfen!«

* * *

»Ich habe Maja befragt«, sagt der Polizist mit ernster Miene.

Ich liege im Krankenhausbett, auf dem ich vor einigen

Stunden erwachte. Man hat mir gesagt, dass ich drei Tage im Koma gelegen hätte. Das ist jetzt schon das dritte Mal, dass der Polizist hier ist. Aber ich kann mich einfach nicht an seinen Namen erinnern. Woran ich mich jedoch erinnern kann, sind all die Details der Schreckensnacht, die ich ihm immer wieder von Neuem schildere.

»Das ist gut«, sage ich und berühre meine Stirn. Ich habe furchbare Kopfschmerzen. Mein Schädel schmerzt schrecklich beim Reden. »Maja hat den Überblick über meine Termine. Sie kann bestätigen, dass ich Montagabend nicht einmal in Dänemark war. Sie …«

»Sie meint, sie hätte seit über einem Jahr nicht mehr mit Ihnen gesprochen«, unterbricht mich der Polizist und holt ein kleines Display aus der Tasche. »Sie hat angegeben, dass Ihnen zwei Monate vor der Scheidung gekündigt wurde. Seitdem arbeiten Sie nicht mehr für den Konzern.«

»Aber … das kann doch nicht sein …«

»Wir haben Ihr Handy überprüft. In den letzten fünf Tagen sind Sie nicht angerufen worden. Also wurden Sie in der fraglichen Nacht weder von Maja noch von sonst jemandem angerufen.«

Ich mache mir nicht mal die Mühe, ihn anzusehen. Warum redet er so viel dummes Zeug? Ich weiß doch, dass es nicht stimmt. Letztes Jahr habe ich rund um die Uhr gearbeitet. Maja weiß das, schließlich …

»Sie glauben nicht, dass ich …?«

»Ihre Hände, Ihr Gesicht und Ihre Kleidung waren mit dem Blut des Opfers besudelt. Sie hatten es überall an sich. Deshalb glauben wir …«

»Aber das kam doch daher, dass ich ihr helfen wollte!«

»Wir haben das abgetrennte Ohr in Ihrer Hosentasche gefunden ... in ein Taschentuch gewickelt. Heute Morgen haben wir fünf weitere abgetrennte Ohren gefunden, als wir das Zimmer durchsucht haben, in dem Sie seit Ihrer Scheidung wohnen.«

Ich starre ihn an. Sprachlos. »Das stimmt nicht. Ich würde Ellen-Marie nie etwas tun.«

»Ellen-Marie?«

Ich antworte nicht und lasse mich zurück ins Kissen sinken.

Nach ein paar stummen Minuten erinnere ich mich an etwas. »Die Videoüberwachung in der Metro! Holen Sie sich die Aufzeichnungen, dann sehen Sie es selbst. Alles ist genauso, wie ich es gesagt habe.«

»Genau das wollte ich Ihnen zeigen«, sagt der Polizist und gibt mir den kleinen Bildschirm. Mit dem Zeigefinger drückt er auf »Play«. Der Screen wird hell und zeigt eine unscharfe Schwarz-Weiß-Aufnahme der Vergewaltigung. Alles geschieht so, wie ich es ihm erzählt habe.

Mit einem kleinen Unterschied.

Ich sitze nicht auf meinem Platz vor der Frontscheibe der Metro.

Ich bin überhaupt nicht da.

Mein Koffer allerdings steht dort, wo er sein sollte. Es ist, als wäre ich aus den Aufzeichnungen gelöscht worden.

»Hat er mich also doch noch drangekriegt«, murmele ich und schiebe den Bildschirm von mir.

EINBRUCH

Plötzlich bist du wach und wagst es nicht, dich unter der Decke zu rühren. Du lauschst, hältst den Atem an, bist noch ganz traumverloren. Traumfetzen lösen sich auf. Ein Albtraum? Das weißt du nicht, du kannst dich nicht erinnern. Aber jetzt hast du Angst. Etwas hat dich erschreckt und aus dem Schlaf gerissen. Ein Geräusch? Eine Art Schlag? Du bist dir nicht sicher, doch du weißt, dass du etwas gehört hast. Vielleicht war es nur ein Traum, doch wieso kannst du dich dann an nichts erinnern?

Da, schon wieder das Geräusch!

Oder doch nicht? Du lauschst angestrengt, aber du hörst nichts. Irgendwo draußen schlägt ein Hund an. Dir wird heiß und kalt, als du herauszufinden versuchst, was du gehört zu haben glaubst. Ein Scharren? Im Wohnzimmer? Hat der Boden geknarrt? Wurde ein Sessel verrückt?

Durch die dünne Gardine scheint Mondlicht ins Zimmer. Du gewahrst den Schatten eines Zweigs, der sich in der windlosen Nacht nicht rührt. Die Dunkelheit im Schlafzimmer kann die Kommode nicht verbergen, ebenso wenig die Tür zum Flur. Aber die Schatten sind düster. Sie scheinen sich gerade dort, wo du im Bett liegst und nicht zu atmen wagst, dichter zusammenzuballen.

Dein Herz pocht schnell und heftig. Du schwitzt, versuchst, dich zur Vernunft zu bringen und zu beruhigen. Du bist allein, niemand sonst ist da. Ein Traum. Vermutlich war es nur ein Traum. Schlafe noch ein wenig. Die Vordertür *ist* abgeschlossen. Morgen musst du früh aus dem Bett.

Du weißt, was los ist. Damit hast du schon Erfahrungen gesammelt. Es geschieht manchmal, auch wenn du nicht herumläufst und es jedem auf die Nase bindest, und irgendwie hast du gelernt, damit fertigzuwerden.

Du füllst die Lungen mit Luft und bereitest dich auf den großen Erleichterungsseufzer vor, der dann doch nicht kommt. Sie nervt dich ein bisschen, diese Schwäche. Kindisch ist das.

Du drehst dich demonstrativ um. Die Decke raschelt, die Matratze quietscht, und du wirfst einen Blick auf den Wecker, um zu sehen, wie viele Stunden Schlaf dir noch bleiben.

Aber der Wecker ist dunkel. Aus. Keine Leuchtziffern. Dein Herz schlägt jetzt Synkopen in der Brust. Du tastest nach dem Kabel der Leselampe, findest es und lässt die Finger daran entlanggleiten, bis sie an den Schalter stoßen und du drückst.

Nichts. Es klickt und bleibt dunkel. Unwillkürlich drückst du den Schalter noch einmal. Und noch mal. Nichts.

Jetzt musst du aufstehen und nach den Sicherungen schauen, doch wenn du wirklich, wirklich ehrlich bist, hast du überhaupt keine Lust darauf, in deiner dunklen Wohnung herumzukramen. Nicht heute Nacht. Nicht mit der Angst, die dir in den Knochen sitzt. Aber du hast natürlich keine Wahl.

Du schlägst die Decke auf und steigst aus dem Bett. Es ist kälter, als du dachtest. Du bekommst sofort eine Gänsehaut. Du greifst nach der Decke und wickelst dich in sie ein, dann gehst du zur Kommode, um die Taschenlampe zu suchen. Leise quietscht die Schublade, als du sie aufziehst. Die Dunkelheit rückt näher, als würde jemand dich anstarren. Du versuchst wieder, deine Angst abzuschütteln, doch diesmal ist es nicht mehr so leicht wie vorhin. Nachdem du jetzt aus dem Bett heraus bist, fühlst du dich verletzlicher. Rational ist das nicht, doch so empfindest du es nun einmal.

Du findest schnell die Taschenlampe, die einwandfrei funktioniert. Du leuchtest mit dem Strahl einmal durch den Raum, und natürlich sieht alles noch genauso aus wie sonst. Der Wecker, das Bett, deine Kleidung auf dem Boden. Jetzt schmunzelst du über dich selbst und richtest den Lichtkegel auf die Zimmertür. Ein Funke frischen Mutes entzündet sich.

Du stößt die Tür auf, machst einen entschlossenen Schritt in den Flur und hältst auf den Sicherungskasten zu. Während du mit der Taschenlampe in die finstersten Ecken leuchtest, hältst du mit der anderen Hand die Decke fest um dich gewickelt. Auch wenn du die Angst jetzt unter Kontrolle hast, bist du nicht gerade wild darauf, der Dunkelheit den Rücken zu kehren, während du die Sicherungen überprüfst.

Du reißt die Tür des Sicherungskastens auf, dann drehst du dich ganz schnell um und leuchtest noch einmal mit der Taschenlampe durch den dunkeln Flur. Die Türen sind zu, die Mäntel hängen an der Garderobe, und nirgendwo lugt ein Bein oder ein Schuh hervor.

Natürlich nicht, aber kontrollieren musstest du es trotzdem.

Der Hauptschalter wurde nicht betätigt, und defekte Sicherungen kannst du auch nicht erkennen. Nirgendwo sind diese kleinen Metallplättchen herausgesprungen. Trotzdem schaltest du der Reihe nach jede einzelne Sicherung aus und wieder an und wiederholst es auch mit dem Hauptschalter, aber es tut sich nichts.

Du überlegst kurz, ob du die Sicherungen vorsorglich austauschen solltest, dann gehst du in die Küche.

Der Kühlschrank ist noch kalt, die Gefrierbeutel mit Fleisch fühlen sich hart und eisig an. Hilflos drückst du auf den Lichtschalter.

Du gehst zum Fenster, vermeidest, dich vom gespiegelten Taschenlampenlicht blenden zu lassen, und siehst hinaus. Jetzt sind die Sterne aufgegangen, der Mond ist fast voll. Das Nachbarhaus liegt im Dunkeln. Vielleicht sind sie zu Bett gegangen, sagst du dir, wendest dich vom Fenster ab und überlegst, was du als Nächstes tun kannst. Sollst du aufbleiben, bis der Strom wieder da ist? Ins Bett gehen, als sei nichts, und ganz bewusst wieder einschlafen? Einen Weckruf bestellen?

Deine Taschenlampe geht aus.

Sie blinkt einmal, dann wird sie schwach und erlischt.

In den langen Sekunden, bevor sich deine Augen an die Dunkelheit gewöhnt haben und du die Dinge in deiner Umgebung wieder auseinanderhalten kannst, bildest du dir ein, schlurfende Schritte zu hören, die sich nähern.

Du schüttelst die Taschenlampe, um sie wieder zum Leben zu erwecken, aber es funktioniert nicht. Wie um deiner wachsenden Angst zu trotzen, kehrst du der dunklen Küche den Rücken zu und blickst zum Mond hinaus, fast flehentlich. Du schüttelst die Taschenlampe, inzwischen verzweifelt. Im Mondlicht erkennst du die Spüle, direkt vor dir den Wasserhahn, draußen ein Fahrrad und ein Meer von pechschwarzen Schatten.

Dann springt der Kühlschrank an, und das Licht kehrt zurück. Das große Licht an der Decke über der Spüle. Hart, blendend und brutal. Du zuckst zusammen, gibst ein leises Geräusch von dir, aus dem kein richtiger Schrei wird, weil dir das Herz bis zum Hals schlägt und ihn dir abwürgt.

Es dauert eine ganze Weile, bis du wieder normal atmest, endlich erleichtert, weil alles erledigt ist.

Du drehst den Hahn auf, spritzt dir etwas kaltes Wasser ins Gesicht und trocknest dich mit einem Geschirrhandtuch ab. Dann blickst du durch deine Spiegelung hindurch zum Nachbarhaus und siehst Licht in einem der Fenster.

Dir fällt etwas ins Auge, das dich erstarren und nach Luft schnappen lässt. Eine Bewegung hinter dir, in der Spiegelung im Küchenfenster, ganz kurz nur. Augen. Dann ist alles dunkel, denn der Strom ist wieder weg. Der Kühlschrank rumpelt noch mal und ist dann still. Es scheppert in der Spüle, als du die Taschenlampe fallen lässt.

Du bist erstarrt. Vor Angst wie gelähmt. Du japst in kurzen Zügen nach Luft, fast so, als würdest du wimmern. Du bist nicht allein. Augen. Größer als du. Du wartest auf den Schmerz, einen Schlag, einen Stich – doch nichts geschieht. Das Einzige, was du hörst, ist dein Puls.

Nichts geschieht.

Nichts.

Du drehst dich langsam um. Von der Stirn rinnt dir Schweiß in ein Auge. Du wischst ihn mit einer schnellen Bewegung ab. Die Küche ist dunkel, doch du kannst die offene Tür zum Flur erkennen, in dem es noch dunkler ist. Du findest die Taschenlampe in der Spüle und versuchst erneut, sie durch Schütteln zum Leben zu erwecken, aber du hast wieder kein Glück damit. Du löst den Blick immer nur für höchstens eine halbe Sekunde vom dunklen Flur und kramst währenddessen mit heftig zitternden Fingern nach einer Kerze und Streichhölzern.

Die ersten drei Streichhölzer brechen. Das vierte lässt du fallen, als es aufflammt. Es hinterlässt tanzende Lichtpunkte vor deinen Augen. Deine Hände zittern zu sehr. Du musst dich zusammenreißen. Dich in den Griff kriegen. Entspannen. Liebe Hände, hört ihr bitte zu zittern auf? Einen Moment lang überlegst du, zum Nachbarn zu laufen und um Hilfe zu rufen. Aber wenn jetzt niemand zu Hause ist? Wenn du dir das alles nur einbildest? Du meinst, du hättest etwas gesehen? Was? Augen? Warum ist dann nichts geschehen? Dein Nachbar wird denken, du seist verrückt. Du kannst dir vorstellen, wie er dich anschauen würde. Verrückt? Verdammt noch mal, damit kommst du auch alleine klar.

Du holst tief Luft, schließt die Augen, nimmst ein fünftes Streichholz, reißt es an und hältst die Flamme an den Docht. Das Licht in deiner zitternden Hand lässt die Schatten wie verrückt tanzen. Sie kommen näher und weichen wieder zurück. Du nimmst ein Brotmesser aus der Schublade. Lang und scharf, die gezackte Klinge leicht gebogen.

Du hältst die Kerze in der linken, das Messer in der rechten Hand. Die Tür zum Flur steht noch offen, und der Flur ist noch dunkel. Eine tiefe, unergründliche Dunkelheit. Du beißt fest die Zähne aufeinander, blickst starr geradeaus und machst den ersten Schritt. Dann den nächsten.

Nichts geschieht.

Du bist im Flur. Der Sicherungskasten steht offen, wie du ihn hinterlassen hast. Die Mäntel hängen immer noch an der Garderobe. Die Tür zum Wohnzimmer ist einen Spalt weit geöffnet. Stand sie vorher schon offen? Du bist dir nicht sicher. Doch du vermutest, dass es so war. Vielleicht war es dir bloß nicht aufgefallen? Vielleicht.

Langsam schiebst du mit dem Ellenbogen die Tür auf, hältst die Kerze hoch, um so viel Licht wie möglich zu bekommen. Das Wohnzimmer sieht so aus wie immer. Sofa, Fernseher, Tisch. Bilder an der Wand. Telefon. Du betrittst den Raum und behältst das Telefon im Blick. Es ist deine Rettung. Natürlich. Du kannst jemanden anrufen und aufwecken. Eine Freundin. Sage ihr, dass du ein wenig durch den Wind bist. Das ist schon in Ordnung. Rede, bis der Strom wieder fließt.

Du siehst die Zeitung auf dem Couchtisch liegen. Du hast sie gestern gekauft, bist aber noch nicht dazu gekommen, sie zu lesen. Die Schlagzeile SEXKILLER GEFLOHEN springt dich an. Du hast das Gefühl, eine kalte nasse Schlange würde deinen Rücken hinabkriechen, und du blickst ganz schnell woanders hin.

Du siehst zum Fenster, gehst hinüber. Tatsächlich. Die Scheibe ist zerbrochen, du siehst es jetzt selbst. Du lässt die Kerze fallen. Die Flamme erlischt, bevor die Kerze mit einem Klappern, das von der nächtlichen Stille noch verstärkt wird, auf den Boden trifft. Du schluckst schwer. Atmen ist mühsam. Vom Fenster weht ein kühler Luftzug. Das spürst du jetzt.

Ich weiß es, denn ich spüre es auch. Und ich weiß, dass *du* weißt, dass du nicht allein bist.